PHYSIK

Physik I

Klassische Mechanik und Elektrizitätslehre

ISBN 978-3-411-70211-4

Physik II

Schwingungen und Wellen – Quantenphysik – Atome und Kerne

ISBN 978-3-411-70221-3

CHEMIE

Chemie II

Organische Chemie – Grundwissen und Prüfungsvorbereitung

ISBN 978-3-411-70863-5

BIOLOGIE

Nervensystem und Sinnesorgane

Grundwissen und Prüfungsvorbereitung

ISBN 978-3-411-04153-4

Stoffwechsel und Energieumsatz

Grundwissen und Prüfungsvorbereitung

ISBN 978-3-411-04283-8

Genetik

Grundwissen und Prüfungsvorbereitung

ISBN 978-3-411-05473-2

KUNST

Kunstgeschichte

Von der Antike bis zum 21. Jahrhundert

ISBN 978-3-411-73391-0

GESCHICHTE

Geschichte I

Von der Französischen Revolution bis zur Grundlegung der bipolaren Welt (1918)

ISBN 978-3-411-71123-9

Geschichte II

Von der Weimarer Republik bis zur Europäischen Union

ISBN 978-3-411-71133-8

Duden Abiturhilfen

Nervensystem und Sinnesorgane

Grundwissen und Prüfungsvorbereitung

von Dr. Wolfgang Lathe

3., aktualisierte Auflage

11. bis 13. Klasse

Dudenverlag
Mannheim · Leipzig · Wien · Zürich

Bibliografische Information der Deutschen Nationalbibliothek
Die Deutsche Nationalbibliothek verzeichnet diese Publikation in der Deutschen Nationalbibliografie; detaillierte bibliografische Daten sind im Internet über http://dnb.ddb.de abrufbar.

Redaktion: Martin Bergmann
Herstellung: Inge Ohrnberger
Umschlagkonzept: Bender & Büwendt, Berlin
Umschlagfoto: Ulf Dieter, Berlin
Visuelle Didaktik, Illustration: Sonja Schadwinkel, Bremen
Grafik, Illustration: frank wohlgemuth creative strategies, Bremen
Druck und Bindung: Appl, Wemding
Printed in Germany
ISBN 978-3-411-04153-4

„Nervensystem und Sinnesorgane" ist sowohl im Grund- wie im Leistungskurs der Oberstufe ein wichtiges Thema des Biologieunterrichts.

Mit ausführlichen Texten und Abbildungen werden die wesentlichen Inhalte des Stoffgebietes wie Aufbau und Funktion der Nervenzellen, spezielle physikalische Bauprinzipien der Sinnesorgane, Rückkopplungsmechanismen in biologischen Regelkreisen und Nervensystem des Menschen, wiedergegeben.

Die Aufbereitung des Stoffes und optisch hervorgehobene Übersichten ermöglichen ein schnelles, gezieltes Wiederholen. Zahlreiche Übungsaufgaben ergänzen den Text. Sie machen Probleme deutlich und helfen, schwierige und vielschichtige Sachverhalte leichter zu durchschauen.

Eine ideale Vorbereitung auf Klausuren und auf die Abiturprüfung.

Der besseren Orientierung dienen Vignetten:

Lösungsvorschläge

Definitionen, Regeln

Grundlagenwissen Chemie

Grundlagenwissen Physik

Statistik

Dr. Wolfgang Lathe

Mannheim, im Frühjahr 2000

Kapitel

Inhaltsverzeichnis

4 Nervensysteme

Kapitel 1

Die Nervenzelle (Neuron, Neurocyt)

Nervenzellen können durch einen **Reiz** erregt werden, diesen Reiz verarbeiten und als **Erregung** weiterleiten. Die Erregungsleitung erfolgt an einer einzelnen Nervenzelle elektrochemisch, zwischen zwei verschiedenen Nervenzellen chemisch durch Neurotransmitter.
Gliazellen haben Stütz-, Isolier-, Abwehr- und Ernährungsfunktion und sind etwa 10-mal so häufig wie Nervenzellen.

1.1 Bau und Funktion von Nervenzellen

Die Form einer Nervenzelle ähnelt einer unreifen Kastanie: Die grüne Umhüllung entspricht dem Cytoplasma, die Kastanie dem Zellkern, die Stacheln den Dendriten, die Erregungen aus anderen Nervenzellen empfangen, und der Stiel dem ableitenden Axon.

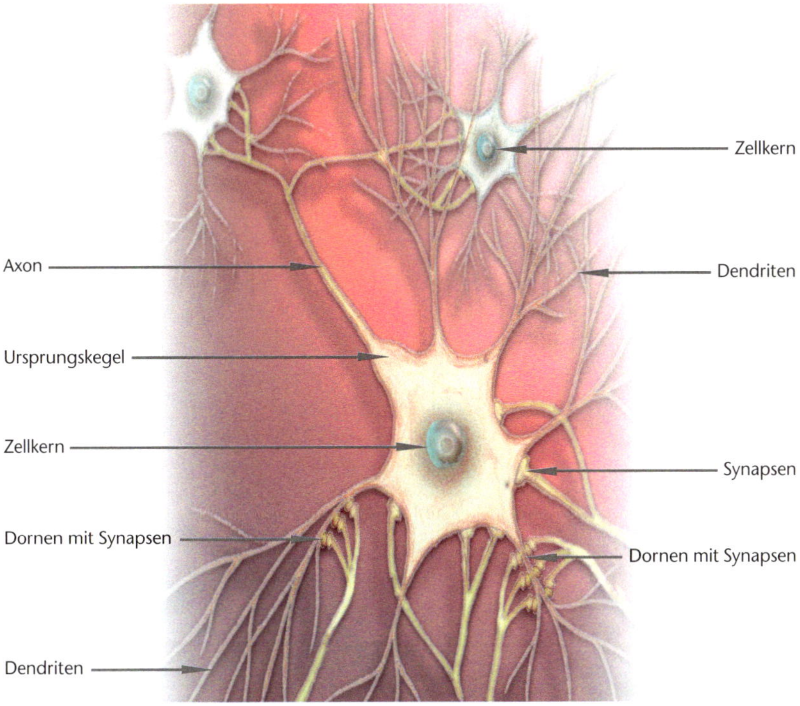

Abbildung 1: Schema einer Nervenzelle

1 Die Nervenzelle (Neuron, Neurocyt)

Nervenzellen (Abbildung 1) enthalten alle Bestandteile tierischer Zellen. Ihre Größe schwankt sehr stark und liegt bei motorischen Zellen des Rückenmarks z. B. bei 0,2 mm, ihre Gestalt wird vorwiegend von den erregungsaufnehmenden und erregungsableitenden Ausläufern bestimmt. Ihre Zellmembran heißt **Neurolemm.** Der große **Zellkern** (Nucleus) liegt zentral und enthält einen großen **Kleinkern** (Nucleolus). Das dicht mit Ribosomen besetzte **endoplasmatische Reticulum** (raues ER) wird in gefärbten[1] mikroskopischen Präparaten sichtbar und bildet die **NISSL[2]-Schollen.** Dendriten nennt man bäumchenartig verzweigte Ausläufer der Zelle. Sie empfangen Informationen von anderen Nervenzellen. Von der Zelle weg führt in der Regel nur eine Ableitung, das **Axon** (Neurit). Es überträgt Erregungen zu anderen Nervenzellen oder zu Muskelzellen. Die Stelle der Nervenzelle, an der das **Axon** entspringt, nennt man **Ursprungskegel** (Axonhügel). Das **Axon** ist ein Schlauch, der von vielen **Mikrotubuli** (Neurotubuli, Neurofilamente) durchzogen ist und Actin und Myosin enthält. Es verzweigt sich und sitzt mit **motorischen Endplatten** (neuromuskuläre Synapsen) auf Muskelzellen oder mit **Synapsen** (Endknöpfchen) direkt auf anderen Nervenzellen oder deren Dendriten oder aber auf Drüsenzellen auf. Ganze Bündel aus Axonen verlaufen als Nerven im Körper. Die Axone können über 100 cm lang sein und seitliche Abzweigungen **(Kollaterale)** besitzen. Innerhalb der Axone transportiert ein Protoplasmastrom Baustoffe in Synapsenrichtung z.T. entlang der Neurotubuli (v = 1–3 mm/Tag, 3–4 Schübe/h, nachgewiesen durch Filmaufnahmen von Gewebekulturen). Bei Nervdurchtrennungen werden durch diesen Transport Baustoffe zur Verletzungsstelle des Axons gebracht, sodass es sich regenerieren kann. Die Axonneubildung (nicht die Nervenzellneubildung!) nach Verletzungen ist deshalb möglich, dauert aber sehr lange (viele Monate)! Zur elektrischen Isolierung gegen das umliegende Gewebe ist das Axon ab dem Ursprungskegel von einer Gliascheide **(Schwann[3]-Scheide, Myelinhülle, Markscheide)** bis zur Synapse umhüllt. Nach dem mikroskopischen Bild unterscheidet man markhaltige und marklose Fasern.

---

[1] In Alkohol fixierte und mit Methylenblau gefärbte Schnitte.

[2] Nissl, Franz (1860–1919), Neurologe und Psychiater, Prof. in München, befasste sich mit der Histologie der Nervenzellen und entwickelte Färbeverfahren.

[3] Schwann, Theodor (1810–1882), Anatom und Physiologe, Prof. in Löwen und Lüttich, forschte über Verdauung, Muskeln und Nerven, gilt als einer der Begründer der Zelltheorie.

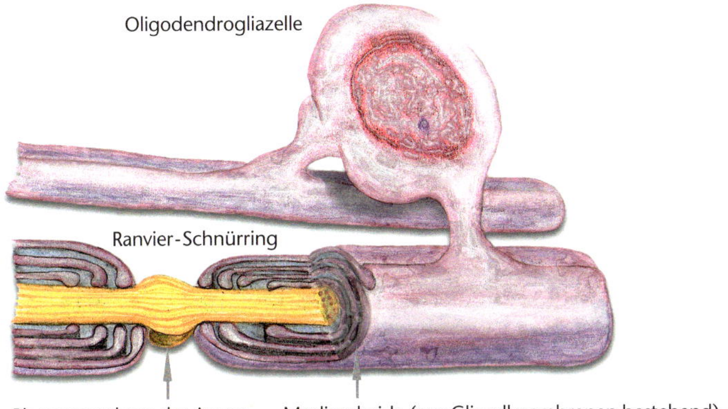

Abbildung 2: Markhaltige Nervenfaser (nach R.Eckert, 1986)

- **Markhaltige Fasern** (Abbildung 2): Sie kommen vorwiegend im animalen Nervensystem vor (durch das Bewusstsein kontrollierter Teil). Die Myelinscheide umhüllt als Isolierung das zentral liegende Axon („Mark"). Sie wird im peripheren Nervensystem und im Rückenmark von **Schwann-Zellen**, im Gehirn von **Gliazellen** gebildet. Ausstülpungen des Plasmalemms dieser Zellen wickeln sich um das zentral liegende Axon bis zu 100 Mal. Cytoplasma und Zellkern der Schwann-Zellen liegen neben dem Axon. Die Markscheide besteht also aus Zellmembranen. Und die bauen sich aus Membranlipiden und Proteinen auf. Lipide sind fettähnliche Stoffe, die gut gegen elektrischen Strom isolieren. Die Schwann-Zellen sind etwa 0,2–1 mm lang und voneinander durch **Ranvier[4]-Schnürringe** getrennt. So groß ist also auch der Abstand von Schnürring zu Schnürring. Das Axon liegt am Schnürring völlig frei. Falls es Kollaterale (seitliche Abzweigungen) bildet, so treten sie an den Schnürringen aus. Die Erregung springt von Schnürring zu Schnürring **(saltatorische Erregungsleitung)**, dies ist eine sehr schnelle Erregungsleitung (Seite 19). Die Myelinscheiden werden bereits ab dem 4. Embryonalmonat aufgebaut und sind erst zu Beginn des 3. Lebensjahres fertig.
- **Marklose Fasern:** Sie sind für das vegetative Nervensystem typisch. Bei den marklosen Fasern sind mehrere Axone in die isolierende Gliazelle eingesenkt. Da im Zentrum kein Axon liegt, erscheinen die

[4] Ranvier, Louis Antoine (1835–1922), Histologe, Paris

Fasern „marklos“. Die Schnürringe fehlen, deshalb erfolgt hier eine langsame, kontinuierliche Erregungsleitung.

Je nach Form der Dendriten und des Axons werden unterschieden (Abbildung 3):

- **Unipolare Nervenzellen:** Keine Dendriten, Synapsen anderer Nervenzellen sitzen direkt auf dem Zellkörper, ein Axon.
- **Bipolare Nervenzellen** (Bipolare): Verzweigungen des Dendritenbäumchens liegen weit vom Zellleib entfernt und haben eine lange Zuleitung zur Zelle. Gegenüber liegt das Axon.
- **Multipolare Nervenzellen:** Viele Dendriten führen zum Zellkörper hin, ein Axon führt weg (das ist das Standardbild einer Nervenzelle).
- **Pseudounipolare Nervenzelle** (z. B. Spinalganglien): Eine lange Zuleitung der Dendriten, lange Ableitung, der Zellkörper liegt seitlich mit scheinbar nur einer Zuleitung.

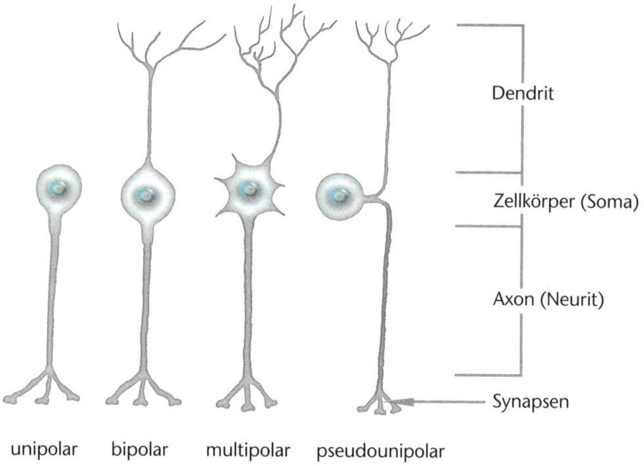

Abbildung 3: Nervenzelltypen

Kapitel 2

Erregungsleitung und Erregungsübertragung

2.1 Forschungsmethoden der Neurophysiologie

Glaskapillar-Ableitung (Voltage-Clamp-Methode, Methode der Spannungsklemme, Abbildung 4): Für Untersuchungen an Nervenzellen verwendet man feine Elektroden. Dies sind äußerst spitz ausgezogene Glaskapillaren (Pipetten) mit einem Spitzendurchmesser von weniger als 0,5 µm. Sie sind mit einem Elektrolyten (z. B. Kaliumchlorid-Lösung, KCl) gefüllt, in den ein dünner Silberdraht als Ableitung eintaucht.
Die Elektrode dringt durch die Zellmembran in die Zelle ein. Die Gegenelektrode kann außen angebracht oder auch in die Zelle eingeführt werden. Nach Verstärkung wird die Spannung (das Potenzial) auf einem Oszilloskop oder Schreiber in Abhängigkeit von der Zeit sichtbar gemacht. Weitere Elektroden können angebracht werden, um die Zelle gezielt elektrisch zu erregen.

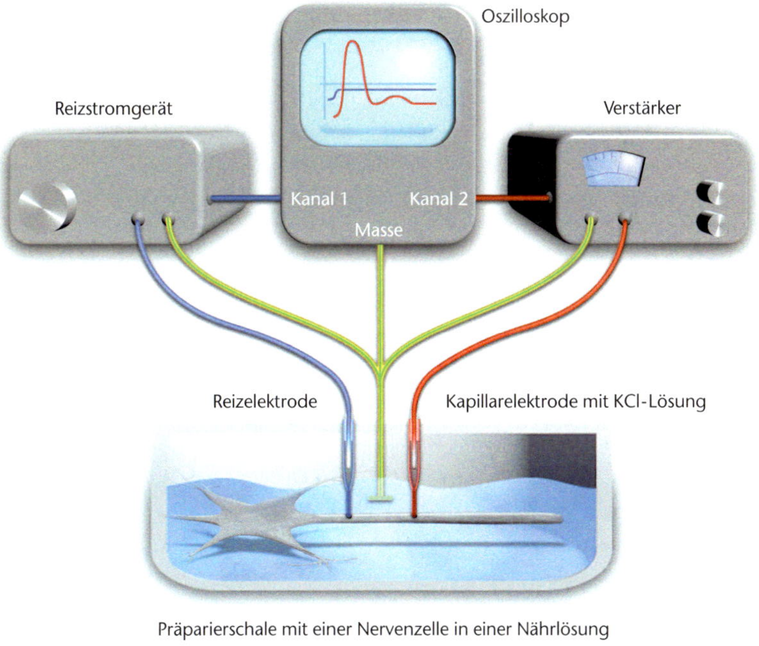

Abbildung 4: Glaskapillar-Ableitung

- **Patch-Clamp-Methode:** Eine Glaspipette mit einem Durchmesser von weniger als 0,5 μm wird auf die Zellmembran aufgesetzt und leicht angesaugt. Mit etwas Geduld kann man im Idealfall einen einzelnen Ionenkanal in der unbeschädigten Zellmembran treffen. Er kann durch die Pipette hindurch mit Elektrolyten verschiedenster Zusammensetzung, mit Hemmstoffen, Neurotransmittern und Medikamenten gezielt untersucht werden. Entfernt man die Pipette vorsichtig, bleibt ein kleiner Fleck (engl. patch) der Membran an der Pipette hängen. Nun kann man die Zusammensetzung der Lösungen auf beiden Seiten der Membran verändern und das Verhalten eines einzelnen Ionenkanals erforschen.
  Alle diese Untersuchungen werden unter der Stereolupe oder dem Mikroskop vorgenommen. Für die feinen Bewegungen benutzt man Mikromanipulatoren, Geräte, die ähnlich funktionieren wie der Kreuztisch am Mikroskop. Die gesamte Apparatur steht in einem Faraday-Käfig, um Störungen über das Lichtnetz oder Sender abzuschirmen.

2.2 Aufbau und Funktion der Ionenkanäle

Zellmembranen sind als Lipid-Doppelschicht für Ionen relativ undurchlässig. Nur spezialisierte **Tunnelproteine (Ionenkanäle)** erlauben deren Durchtritt. Diese Ionenkanäle können sich öffnen oder schließen. Der Vorgang kann durch elektrische Spannungen **(spannungsgesteuerte Kanäle,** z.B. **Natriumkanäle)**, durch Botenstoffe (ligandengesteuerte Kanäle, Neurotransmitter, z. B. Acetylcholin) oder mechanische, optische oder chemische Reize gesteuert werden.
Spannungsgesteuerte Kanäle, z.B. Natriumkanäle, verändern ihre Struktur durch elektrische Spannungen[5]. Abbildung 5 soll eine Vorstel-

[5] Proteinmoleküle bauen sich aus Aminosäuren auf. Viele Aminosäuren tragen polare Gruppen. Sie entstehen, wenn sich die Elektronen, die eine chemische Bindung bewirken, häufiger bei einem der beiden Bindungspartner aufhalten. Das Gesamtmolekül ist zwar ungeladen, aber es gibt auf ihm Stellen, die eine etwas positivere oder etwas negativere Ladung tragen. Solche Stellen üben aufeinander Anziehungs- (positiv–negativ) oder Abstoßungskräfte (negativ–negativ oder positiv–positiv) aus und bestimmen die räumliche Struktur eines Moleküls mit. Polare Gruppen anderer Moleküle oder elektrische Felder (auch pH-Wert-Änderungen oder einige andere Vorgänge) können diese räumliche Struktur stören oder verändern.

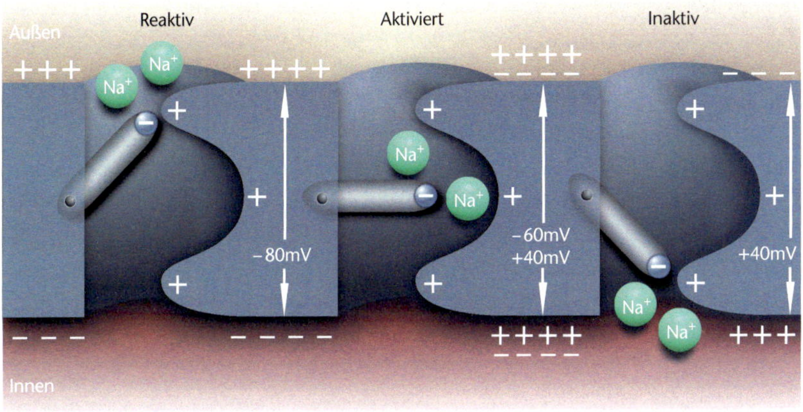

Abbildung 5: Spannungsgesteuerter Natriumkanal

lung davon vermitteln, wie diese Kanäle funktionieren. Sie berücksichtigt fast alle derzeitigen Erkenntnisse, zeigt aber nicht die wirkliche Raumstruktur, denn die ist unbekannt.

Für die Natriumkanäle sind mindestens 3 Zustände bekannt (Abb. 5):

1. Kanal geschlossen, kann aber geöffnet werden (er ist reaktionsfähig = reaktiv). Dieser Zustand ist stabil unter –80 mV. Na^+-Ionen können nicht hindurchtreten.
2. Kanal offen: Eine Depolarisierung auf den Schwellenwert öffnet den Kanal. Na^+-Ionen treten hindurch. Der Zustand ist nicht stabil und kann nur für weniger als 1 ms und nur im Bereich von –60 bis +40 mV aufrechterhalten werden.
3. Kanal geschlossen und inaktiv: Bei Erreichen des Aktionspotenzials schließt der Kanal. Er kann durch keine noch so hohe Depolarisierung geöffnet werden. Erst wenn das Ruhepotenzial wieder hergestellt ist, geht er in den reaktiven Zustand über, ohne zwischenzeitlich geöffnet zu sein. Der Zustand ist stabil zwischen +40 mV und –80 mV. Ab –80 mV ist der Kanal wieder reaktiv, aber geschlossen.

Solange sich alle Natriumkanäle in der Refraktärphase befinden, ist absolut kein Aktionspotenzial auslösbar. Die Übergänge zwischen den Zuständen erfolgen plötzlich (Klick-Klack), jedoch nicht für alle Kanäle exakt gleichzeitig. Während sich also noch Kanäle in der Refraktärphase befinden, sind andere bereits wieder reaktiv und können durch eine star-

ke Depolarisation wieder geöffnet werden. Weil dabei aber nur die reaktiven Kanäle reagieren, ist das entstehende Aktionspotenzial niedriger als normal. Diese Phase nennt man **relative Refraktärzeit.**
Die Zustände 1 und 3 sind jeweils bei einer bestimmten Spannung stabil, Zustand 2 nur für eine Millisekunde und nur in Richtung Inaktivierung des Kanals. Machen Sie sich anhand der Abbildung die Funktion der Spannungssteuerung klar. Beachten Sie dabei die eingezeichneten Ladungsverteilungen. Die Plus- und Minuszeichen stellen **keine** Elektronen oder Protonen, sondern polare Gruppen (Ladungsgleichgewichte) dar (ganz korrekt müsste σ^+ oder σ^- dort stehen).
Die Funktion von **ligandengesteuerten Kanälen** (durch Botenstoffe gesteuerte Kanäle) sei am Beispiel eines Natriumkanals erläutert: Der Botenstoff (Neurotransmitter, z. B. Acetylcholin) besetzt den Rezeptor nach dem Schlüssel-Schloss-Prinzip. Seine polaren Gruppen verändern die Raumstruktur des Kanals, sodass er sich öffnet. Na^+-Ionen treten hindurch. Wenn der Botenstoff den Rezeptor verlässt, schließt der Kanal wieder, weil sich die alte Raumstruktur wieder herstellt.

2.3 Das Ruhepotenzial

An der Zellmembran einer lebenden und gerade nicht aktiven Nervenzelle und ihrer Fortsätze ist ein elektrisches Potenzial (eine elektrische Spannung) messbar. Das Zellinnere zeigt gegenüber dem Außenraum (extrazellulären Raum) eine negative Spannung (Potenzial) zwischen –60 bis –120 mV und ist vom jeweiligen Zelltyp abhängig. In Schulbüchern werden meist –80 mV genannt.

Merke: Das Membranpotenzial ist innen negativ!

Weil dieses Potenzial an der ruhenden Nervenzelle gemessen wird, nennt man es **Ruhepotenzial.** Da es aber nicht nur an Nervenzellen, sondern an fast allen tierischen und auch pflanzlichen Zellen nachweisbar ist, heißt es auch **Membranpotenzial.** Aber nur Nerven-, Sinnes- und Muskelzellen können dieses Potenzial verändern.

In der Zellmembran der Nervenzelle sitzt ein Proteinkomplex, der unter Energieverbrauch (durch ATP[6]-Spaltung) Kationen durch die Membran transportiert. Diese **Natrium-Kalium-Pumpe** fördert Natriumionen (Na^+) aus der Zelle hinaus und zugleich Kaliumionen (K^+) in die Zelle hinein, meist im Verhältnis 3 Na^+ : 2 Ka^+. Die Konzentration der Natriumionen ist dadurch außen etwa 10-mal so hoch wie innen, die der Kaliumionen ist innen etwa 10-mal höher als außen. Die Zellmembran ist nicht für alle Ionen gleich gut durchlässig. Kaliumionen passieren die Membran am leichtesten, für Chloridionen ist sie etwas weniger permeabel, für Natriumionen kaum durchlässig (etwa 20-mal schlechter als für Kalium). Trotzdem bewirkt die geringe Permeabilität für Natriumionen einen ständigen schwachen Einstrom von Na^+-Ionen in die Zelle. Daraus ergibt sich ein schwacher Stromfluss, der »**Leckstrom**«, gegen den die Natrium-Kalium-Pumpe ständig anarbeiten muss.

Merke: Am Aufbau des Ruhepotenzials sind die folgenden Ionenarten beteiligt:

- Proteinanionen in der Zelle, sehr groß, können die Zelle nicht verlassen
- Chloridanionen frei beweglich, innen und außen
- Kaliumionenüberschuss innen
- Natriumionenüberschuss außen

Zum Verständnis der elektrischen Vorgänge an Membranen ist es unerlässlich, sich die folgenden physikalischen und physiologischen Grundlagen einzuprägen. Bei jeder Aufgabe, die sich mit dem Membranpotenzial befasst, sollten Sie sich zuerst an die folgenden Sätze erinnern:

Tendenz zum Konzentrationsausgleich

- **Konzentrationsausgleich nach der Art der Teilchen: Diffusionsvorgänge** sind stark **temperaturabhängig:** Wärme ist der Motor von Diffusion und Osmose, denn Wärme ist Teilchenbewegung. Je heftiger sich die Teilchen bewegen, umso höher ist die Temperatur und umso schneller laufen Diffusionsvorgänge ab.
  Die Wärmebewegung sorgt in Flüssigkeiten und Gasen dafür, dass Unterschiede in der Konzentration gelöster Teilchen für jede einzel-

[6] ATP = Adenosintriphosphat, wird in den Mitochondrien durch Spaltung von energiereichen Stoffen (z. B. Glucose) aus ADP (Adenosindiphosphat) und einer Phosphatgruppe oder AMP (Adenosinmonophosphat) und zwei Phosphatgruppen aufgebaut. In der Bindung Phosphatgruppe–Phosphatgruppe ist eine sehr genau definierte Bindungsenergie gespeichert. Benötigt die Zelle irgendwo Energie, so kann sie vom ATP eine oder zwei Phosphatgruppen abspalten und die frei werdende Bindungsenergie nutzen. Selten wird sie vollständig verbraucht. Die überschüssige Energie geht als Wärme verloren. (Bei Muskelarbeit wird uns warm!)

ne Substanz (Ionen oder Moleküle) mit der Zeit völlig ausgeglichen werden. Jede Teilchenart ist also überall gleich häufig vertreten. Dies gilt auch für den Fall, dass eine vollständig durchlässige Membran überwunden werden muss.

- **Ausgleich der Teilchenanzahl**
  Lässt die Membran nur bestimmte Substanzen hindurch, dann ist der Konzentrationsausgleich nach der Teilchenart behindert. Man nennt eine solche Membran semipermeabel (halbdurchlässig). In diesem Fall ist es also nicht möglich, dass sich alle vorkommenden Substanzen gleichmäßig verteilen. Deshalb erfolgt ein Ausgleich der Konzentrationen nach der Anzahl der Teilchen, also so, dass sich auf beiden Seiten der Membran möglichst gleich viele Teilchen befinden, egal von welcher Substanz.

Tendenz zum Ladungsausgleich

Die Wärmebewegung sorgt in Flüssigkeiten und Gasen auch dafür, ungleich verteilte Ladungen (z. B. Anhäufungen von Kationen oder Anionen) auszugleichen, indem Kationen zu den Anionen diffundieren und umgekehrt. Um welche Art von Ionen es sich dabei handelt, spielt keine Rolle!
Zwischen der Tendenz zum Konzentrationsausgleich und der Tendenz zum Ladungsausgleich stellt sich ein **Gleichgewicht** ein.

Am Aufbau des Ruhepotenzials sind tatsächlich nur sehr wenige Ionen beteiligt. Ein Ungleichgewicht von 12 Ladungen kann einem Konzentrationsungleichgewicht von 100 Teilchen die Waage halten! Über die Funktion der Natrium-Kalium-Pumpe gibt es verschiedene Theorien, denen gemeinsam ist, dass das Transportprotein eine ATPase (ein ATP spaltendes Enzym) ist, die je gespaltetem ATP 3 Na^+ nach außen und 2 K^+ nach innen transportiert[7].

2.4 Das Aktionspotenzial

Am Axon einer Nervenzelle wird zur Weiterleitung einer Erregung die Polarität des Ruhepotenzials für etwa eine Millisekunde umgedreht: Das

[7] Man schätzt, dass bis 70 % des Gesamtenergieverbrauchs einer Nervenzelle zulasten der Natrium-Kalium-Pumpe gehen!

Axoninnere wird gegenüber außen positiv. Dieser Vorgang heißt **Aktionspotenzial**, die Zelle ist messbar aktiv. Bis zum erneuten Aufbau des Ruhepotenzials kann kein weiteres Aktionspotenzial ausgelöst werden. Man nennt diese Zeit der Unerregbarkeit **Refraktärzeit.** Sie garantiert übrigens, dass die Reizleitung nur in einer Richtung erfolgt.
Im Augenblick der Umpolung strahlt das elektrische Feld des Aktionspotenzials in die Nachbarschaft aus und verändert dort das Ruhepotenzial. Es wird z.B. von –80 mV auf –60 mV erhöht. Dies ist der Schwellenwert für die Auslösung eines Aktionspotenzials (Generatorpotenzial), das dann vollständig abläuft und das seinerseits ein neues Aktionspotenzial auslöst. Wird der Schwellenwert nicht erreicht, entsteht auch kein Aktionspotenzial **(Alles-oder-Nichts-Reaktion).**

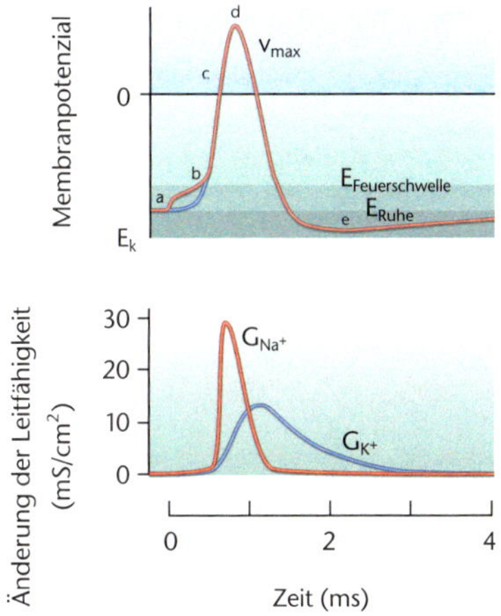

Abbildung 6: Aktionspotenzial mit den zugrunde liegenden Änderungen der Na^+- und der K^+-Leitfähigkeiten (nach R. Eckert, 1983).

In **marklosen Fasern** (Nervenfasern, bei denen mehrere Axone seitlich in die isolierende Gliazelle eingesenkt sind, siehe Seite 11) läuft die Erregung, wie eben beschrieben, kontinuierlich den ganzen Nerv entlang.
Markhaltige Fasern (siehe Seite 11) sind durch die Markscheide isoliert. Sie ist durch **Ranvier-Schnürringe** mit maximal 1 mm Abstand unterbrochen. So weit reicht gerade die Wirkung des elektrischen Feldes, das durch ein Aktionspotenzial entsteht (in der Abbildung 7 ist das elektrische Feld rot dargestellt, die Feldstärke ist durch die Strichstärke angedeutet)[8]. Es depolarisiert so über eine größere Entfernung das Axon und löst dadurch das nächste Aktionspotenzial aus. Diese von Schnürring zu Schnürring springende Erregungsleitung ist sehr schnell (maximal 130 m/sec) und heißt **saltatorische Erregungsleitung.**
Alle elektrischen Erscheinungen an biologischen Membranen werden

[8] Beachten Sie: Die Feldlinien laufen im elektrischen Feld stets von Plus nach Minus.

durch Ionen hervorgerufen. Die Erregungsleitung am Nerven erfolgt deshalb, verglichen mit der Leitung elektrischen Stroms in einem Metall, sehr viel langsamer, weil die Ionen wesentlich größer als Elektronen sind und ihre Bewegungen auf Diffusionsvorgängen beruhen.
In der Zellmembran sitzen spannungsgesteuerte Ionenkanäle (siehe Seite 15) für Na^+-Ionen[9]. Sie öffnen sich nur oberhalb einer ganz bestimmten Membranspannung, dem Schwellenwert, z.B. bei –60 mV. Durch

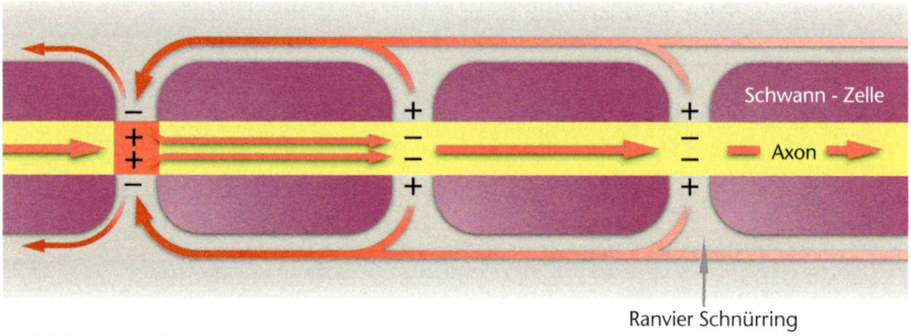

Abbildung 7: Saltatorische Erregungsleitung

Synapsen, die auf der Nervenzelle oder ihren Dendriten aufsitzen, oder durch Vorgänge in Nerven- oder Sinneszellen wird im Axon das Ruhepotenzial um etwa 20 mV erhöht, also z.B. von –80 mV auf –60 mV (denken Sie dabei an eine Thermometerskala! Eine Temperaturänderung von –80°C auf –60°C bedeutet eine Erhöhung!). Bei diesem Schwellenwert wird ein Aktionspotenzial ausgelöst. Dabei öffnen sich die Ionenkanäle für etwa 1 Millisekunde. Na^+-Ionen strömen entlang dem Konzentrationsgefälle in die Zelle ein. Das Zellinnere wird positiv mit etwa +30 bis +50 mV. Die Na^+-Kanäle schließen sich. Jetzt öffnen sich spannungsgesteuerte Kaliumkanäle. Dadurch erhöht sich die Permeabilität für K^+-Ionen stark. Sie wandern so lange nach außen, bis das Ruhepotenzial wieder hergestellt ist. Die Kaliumkanäle bleiben aber etwas länger geöffnet, als zum Aufbau des Ruhepotenzials notwendig ist. Deshalb fließen etwas mehr K^+-Ionen aus der Zelle und es kommt zu einer kurzzeitigen Hyperpolarisation, das Ruhepotenzial sinkt kurzzeitig von z.B. –80 mV auf –100 mV. Die Kaliumkanäle schließen sich wieder (Abbildung 6).
Triebkräfte sind die Tendenz zum Ladungsausgleich und die Tendenz

---

[9] Am Schnürring befinden sich etwa 2000 Na^+-Kanäle je μm^2. Durch einen Kanal fließen in 1 ms 1000 Na^+-Ionen.

zum Konzentrationsausgleich. Die Anzahl der bei einem Aktionspotenzial tatsächlich bewegten Ionen ist außerordentlich gering. Der Überschuss an Na^+-Ionen außerhalb der Zelle und der von K^+-Ionen innerhalb der Zelle reicht für die Weiterleitung von mehreren Tausend Aktionspotenzialen aus.
Der Schwellenwert ist das Potenzial, bei dem der K^+-Ausstrom den Na^+-Einstrom nicht mehr kompensieren kann.

Ablauf des Aktionspotenzials

- **Depolarisierung** der Membran auf Schwellenwert von –60 mV aktiviert (öffnet) Na^+-Kanäle.
- Na^+-Ionen strömen in Zelle ⇒ **Aktionspotenzial** mit +40 mV. Dauer: 1 ms.
- **Refraktärphase:** Na^+-Kanäle geschlossen und inaktiviert ⇒ Zelle bis zum Wiederaufbau des Ruhepotenzials nicht erregbar.
- Spannungsgesteuerte K^+-Kanäle öffnen sich, Kaliumionen wandern nach außen → Ruhepotenzial.
- Na^+-Kanäle geschlossen und wieder reaktiv.
- Spannungsgesteuerte K^+-Kanäle etwas länger geöffnet, als zum Aufbau des Ruhepotenzials notwendig ⇒ kurzzeitige Hyperpolarisation.
- Natrium-Kalium-Pumpe stellt alte Ionenverteilung wieder her.

Jede Überschreitung des Schwellenwertes löst ein Aktionspotenzial aus (Alles-oder-Nichts-Reaktion). Alle Aktionspotenziale einer Nervenzelle haben den gleichen Verlauf!
Depolarisation heißt jede Veränderung des Membranpotenzials in Richtung 0 mV (in positiver Richtung), **Hyperpolarisation** jede Veränderung in negativer Richtung.

2.5 Bau und Funktion von Synapsen

Synapsen sind die Endknöpfchen der Neuriten (Axone). Sie liegen auf Dendriten oder dem Zellleib anderer Nervenzellen oder Zielzellen auf und übertragen dorthin Erregungen (Informationen). Weil die Verbindung nur lose ist, können sie bei Nichtgebrauch gelöst (Vergessen?) oder bei Bedarf neu geknüpft werden (Bahnung; Lernen?). Über Synapsen kann eine einzige Nervenzelle von 1000 bis 10 000 anderen Nervenzellen Informationen empfangen. Durch die riesige Anzahl ankommender

Axone sieht es so aus, als sei die Nervenzelle von einem »Pelz« umhüllt. Der Dendrit stülpt während der Verknüpfungsphase seine Zellmembran den Synapsen entgegen. Im mikroskopischen Bild scheint es daher mit Dornen besetzt.
Diese Dornen spielen bei Lernprozessen wahrscheinlich eine Rolle: Man hat beobachtet, dass sie im Säuglingsgehirn in riesigen Mengen vorhanden sind und durch eine anregende Umwelt mit vielen Synapsen anderer Nervenzellen besetzt werden. Fehlt diese Anregung, werden sie einfach abgeworfen. Dies geschieht auch während einer Prägung[10].

2.5.1 Erregungsübertragung an der Synapse

An der Synapse nennt man die Membran der »sendenden« Nervenzelle **präsynaptische Membran.** Sie ist durch den nur 20 nm breiten **synaptischen Spalt** von der gegenüberliegenden **postsynaptischen Membran** (Zellmembran der »empfangenden« Nervenzelle) getrennt und dadurch elektrisch von ihr isoliert (Abbildung 8).
Im Endknöpfchen (präsynaptisch) liegen zahlreiche Mitochondrien und **synaptische Bläschen** (Vesikel). Sie enthalten einen **Neurotransmitter.** Dies ist ein Botenstoff, der die Erregung auf die »empfangende« Zelle überträgt (z. B. Acetylcholin). Die synaptischen Bläschen liegen dicht an der präsynaptischen Membran und schütten beim Ankommen eines Aktionspotenzials Transmitter in den synaptischen Spalt aus. Er diffundiert zur postsynaptischen Membran, besetzt dort **Rezeptoren (ligandengesteuerte Natriumkanäle)**, löst elektrische und biochemische Vorgänge aus und wird danach inaktiviert (zerstört).

Die Vorgänge genauer:
- Das Aktionspotenzial öffnet spannungsgesteuerte Ca^{2+}-Kanäle an der Seite der Synapse.
- Die rasch einströmenden Ca^{2+}-Ionen veranlassen die Ausschüttung des Neurotransmitters. Je mehr Ca^{2+}-Ionen in der Synapse vorhanden sind, umso mehr synaptische Bläschen geben den Transmitter in den synaptischen Spalt ab. Bei **Gewöhnung** wird die Anzahl der Calciumionen vermindert, bei einer **Sensibilisierung** (Einstellen einer größeren Empfindlichkeit) erhöht.

[10] Prägung ist ein nicht rückgängig zu machender Lernvorgang, der nur innerhalb einer ganz bestimmten Entwicklungsphase, der sensitiven Phase, möglich ist und innerhalb ganz kurzer Zeit erfolgt. Beispiel: Prägung eines frisch geschlüpften Kükens auf die Glucke (Mutter).

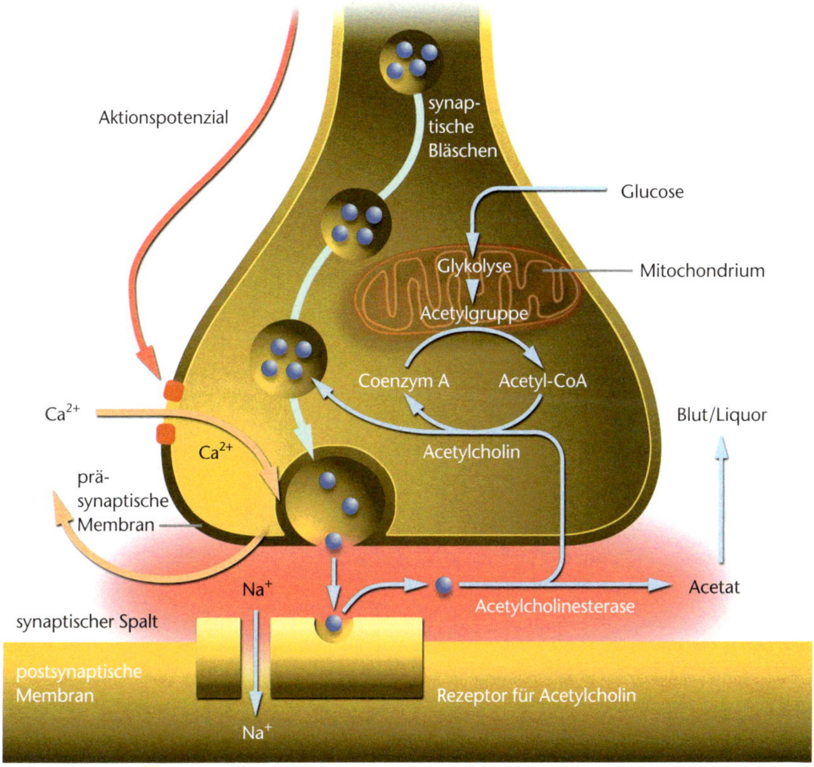

Abbildung 8: Prinzip der Erregungsübertragung an der Synapse

- Nach Abklingen des Aktionspotenzials werden die Ca^{2+}-Ionen gebunden und wieder nach außen transportiert.
- Der Transmitter diffundiert äußerst rasch zur postsynaptischen Membran und setzt sich dort auf **ligandengesteuerte Ionenkanäle (Rezeptoren)**, die sich daraufhin öffnen.
- Na^+-Ionen diffundieren in die Zelle und verschieben das elektrische Potenzial der Membran z. B. von –80 mV auf –70 mV oder von –80 mV auf – 50 mV. Bei genügender Stärke dieser Depolarisation erzeugt die Zelle ein Aktionspotenzial, das sie über ihr Axon weiterleitet.
- Der Transmitter wird durch ein Enzym im synaptischen Spalt inaktiviert, z. B. spaltet Acetylcholinesterase Acetylcholin in Cholin und

Essigsäure (Acetat). Die Natriumkanäle schließen sich wieder. Dadurch wird eine Dauererregung verhindert.

$$\text{Acetylcholin} \xrightarrow[\text{(Essigsäure)}]{\text{Acetylcholinesterase}} \text{Acetat} + \text{Cholin}$$

- Das Cholin wird wieder in die Synapse aufgenommen, das Acetat diffundiert ins Blut und wird abtransportiert.
- Die Neubildung des Acetats erfolgt durch die Mitochondrien der Synapse. Sie bauen Glucose ab und bilden Acetyl-Coenzym A (Acetyl-CoA), das die Acetylgruppe an das Cholin überträgt. Das dadurch gebildete Acetylcholin wird wieder in synaptischen Bläschen gespeichert.

2.5.2 Neurotransmitter

Jede Nervenzelle produziert nur einen einzigen Neurotransmittertyp. Diese Neurotransmitter können die empfangende Nervenzelle entweder hemmen oder erregen. Man spricht deshalb auch von hemmenden Neuronen (inhibitorische Neuronen; manchmal auch von hemmenden Synapsen). Entsprechend heißt das an der postsynaptischen Membran erzeugte Potenzial **exzitatorisches** (erregendes) **postsynaptisches Potenzial (EPSP)** bzw. **inhibitorisches** (hemmendes) **postsynaptisches Potenzial (IPSP).**

Ein Neurotransmitter inhibitorischer Neuronen ist z.B. **Gamma-Aminobuttersäure** (GABA), von exzitatorischen Neuronen Acetylcholin. Die Transmitter inhibitorischer Synapsen öffnen Kanäle für K^+- und Cl^--Ionen. Dadurch erniedrigt sich das Ruhepotenzial (wird negativer!). Die Transmitter exzitatorischer Synapsen öffnen Na^+-Kanäle. Dadurch erhöht sich das Ruhepotenzial (wird etwas weniger negativ, wird depolarisiert). Auf jeder Nervenzelle können sowohl hemmende als auch erregende Synapsen aufsitzen. Kommen Aktionspotenziale an exzitatorischen und inhibitorischen Synapsen gleichzeitig an, so können sich ihre Wirkungen aufheben bzw. werden zu einer Gesamtwirkung verrechnet.

Im Zentralnervensystem (ZNS) sind viele verschiedene Neurotransmitter gefunden worden, oft auf einzelne Gehirnbereiche beschränkt. Die Transmitter des peripheren Nervensystems sind zum größten Teil völlig unbekannt. Nur die Erregungsübertragung zwischen Nerv und Muskel mit Acetylcholin ist gut untersucht. Im vegetativen Nervensystem ist

Acetylcholin Transmitter des gesamten parasympathischen Systems, im sympathischen System nur zwischen dem 1. und 2. Neuron. In nachgeschalteten Neuronen ist es Noradrenalin oder Adrenalin.
Die Erregungsleitung innerhalb der Nervenzelle erfolgt in der Regel durch Ionenbewegung **(Ausgleichsströmchen)** und nicht durch Aktionspotenziale. Dadurch ist der Einfluss einer Synapse auf die Zelle umso größer, je näher sie zum Zellkörper (Soma) sitzt. Die Summe aller postsynaptischen Potenziale entscheidet über die Auslösung eines neuen Aktionspotenzials am Ursprungskegel des Axons. Kommen an einer Synapse rasch nacheinander viele Potenziale an, so können sie durch **Summation** die Zellmembran am Ursprungskegel so depolarisieren, dass ein Aktionspotenzial ausgelöst wird.
Die einzelnen Reaktionsschritte, die in der Synapse ablaufen, können durch Pharmaka (Medikamente) und natürlich vorkommende Gifte leicht gestört werden.

Einige Beispiele für Transmitter:

- biogene Amine: Adrenalin, Noradrenalin, Serotonin, Dopamin
- Aminosäuren: Gamma-Aminobuttersäure = γ-Aminobutyrat (GABA), Glycin, Glutamat
- Carbonsäureester: Acetylcholin
- Peptide: Encephaline, β-Endorphin
- einfachste Moleküle: Stickstoffmonoxid (NO)

2.5.3 Motorische Endplatte (neuromuskuläre oder auch myoneurale Synapse)

Diese spezialisierte Synapse dient der Erregung der Skelettmuskulatur durch Nervenimpulse. Sie ist nur bei quer gestreifter Muskulatur zu finden. Bau und Funktion entspricht den Synapsen auf Nervenzellen, die motorische Endplatte ist jedoch größer und liegt in einer wannenförmigen Vertiefung des Muskels. Ihre postsynaptische Membran (Plasmalemma der Muskelfaserzelle) ist zur Oberflächenvergrößerung gefaltet. Transmitter ist Acetylcholin.

2.6 Aufgabenbeispiele

Aufgabe 1

Beschreiben Sie die Vorgänge an der Nervenzellmembran. Beachten Sie dabei die Tätigkeit der Natrium-Kalium-Pumpe und die Durchlässigkeit der Membran für die verschiedenen Ionen. Was geschieht unter Berücksichtigung der Tendenzen zum Ladungs- und Konzentrationsausgleich?

Aufgabe 2

Wie ist es möglich, mit normierten, also immer gleichen Impulsen, eine Information über die Stärke eines Reizes zu übermitteln?

Aufgabe 3

Gedankenexperiment: Ein Gefäß sei durch eine semipermeable Membran in 2 Kammern geteilt. Die Membran (das Diaphragma) sei für Kationen permeabel (durchlässig), für Anionen nicht:
Links: Salzlösung mit großen Anionen, kleinen Kationen, rechts: reines Wasser.

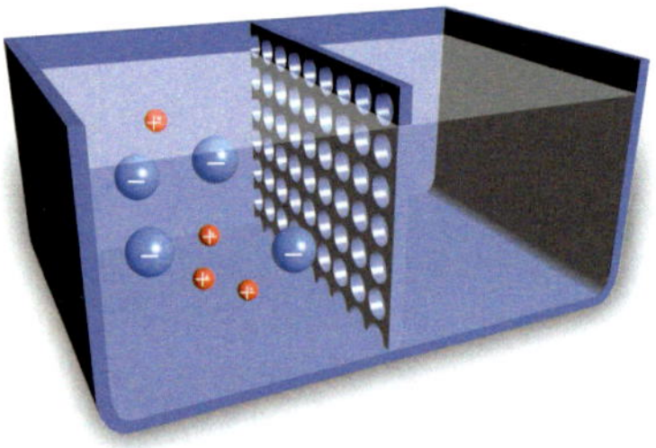

Abbildung 9: Gedankenexperiment

Was geschieht mit den einzelnen Teilchenarten (Anionen, Kationen, Wasser)? Sind die Ionen innerhalb jeder Kammer gleichmäßig verteilt? Begründen Sie Ihre Antworten! Eine Skizze erleichtert Ihre Überlegungen! Versuchen Sie eine Antwort zu geben, bevor Sie weiterlesen! Denken Sie dabei an die Tendenzen zum Konzentrations- und zum Ladungsausgleich!

Aufgabe 4

Gedankenexperiment: Ein Gefäß sei durch eine semipermeable Membran in 2 Kammern geteilt. Die Membran (Diaphragma) sei für Kationen und Chloridionen permeabel (durchlässig), für große Proteinanionen nicht:
Rechts: Salzlösung mit Cl^--Anionen, K^+-Ionen, links: Salzlösung mit Proteinanionen, Na^+-Ionen.

a Was geschieht mit den einzelnen Teilchenarten (Anionen, Kationen, Wasser)? Sind die Ionen innerhalb jeder Kammer gleichmäßig verteilt? Begründen Sie Ihre Antworten! Eine Skizze erleichtert Ihre Überlegungen!
Versuchen Sie eine Antwort zu geben, bevor Sie weiterlesen! Denken Sie dabei an die Tendenzen zum Konzentrations- und zum Ladungsausgleich!

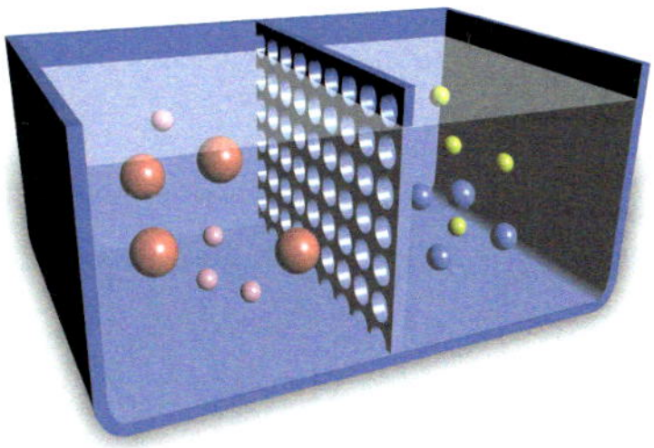

Abbildung 10: Gedankenexperiment

b Gelingt den Chloridionen für ihre Ionenart ein Konzentrationsausgleich? Begründen Sie Ihre Antwort!

c Welche Folgen hat dies für die Kationen?

Aufgabe 5

Ein Gefäß sei durch eine semipermeable Membran in 2 Kammern geteilt. Die Membran (=Diaphragma) sei für K^+-Ionen und Chloridionen permeabel (durchlässig), für große Proteinanionen und für Na^+-Ionen nicht. In der Membran befindet sich ein Mechanismus, der Na^+-Ionen von rechts nach links pumpt.
Links: Salzlösung mit Cl^--Anionen, K^+-Ionen. Rechts: Salzlösung mit Proteinanionen, Na^+-Ionen.

a Was geschieht mit den einzelnen Teilchenarten (Anionen, Kationen, Wasser)? Sind die Ionen innerhalb jeder Kammer gleichmäßig verteilt? Begründen Sie Ihre Antworten! Mit einer Skizze ist es leichter!
Denken Sie dabei an die Tendenzen zum Konzentrations- und zum Ladungsausgleich!

b Steht diese Aussage mit der Tendenz zum Ladungsausgleich im Einklang?

Aufgabe 6

Eine funktionsfähige, marklose Nervenzelle wird isoliert und in einer Nährlösung gehalten. In das Außenmedium gibt man radioaktive Natriumionen. Die Zelle darf in dieser Zeit kein Aktionspotenzial leiten. Dann

wird nach kurzem Zwischenspülen das Außenmedium gewechselt. Es enthält nur normale, jedoch keine radioaktiven Na^+-Ionen. Nach kurzer Zeit kann man in dem Außenmedium radioaktive Na^+-Ionen nachweisen.
Das Diagramm (Abbildung 11) stellt die Auswirkungen der angegebenen Versuchsbedingungen auf den Natriumausstrom dar.

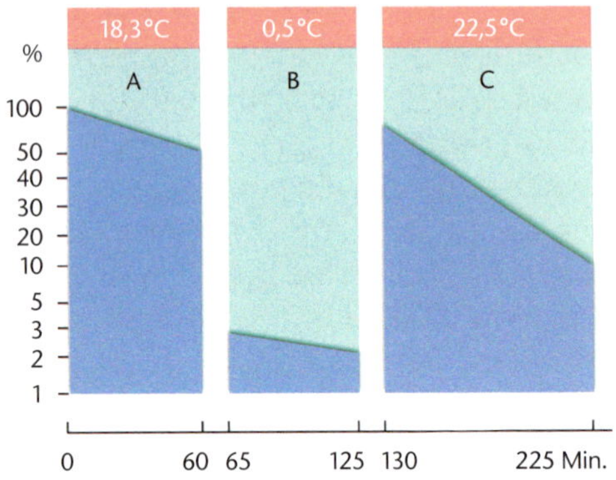

Abbildung 11: Diagramm des Natriumausstroms

Erläutern Sie die im Diagramm in den Abschnitten A, B und C dargestellten Ergebnisse.

Anmerkung: Der Natriumausstrom bei Versuchsbeginn wird '100' gesetzt. Er fällt logarithmisch ab.

Aufgabe 7

Der Natriumausstrom einer funktionsfähigen, marklosen Nervenzelle wird während eines Experiments gestoppt. Unmittelbar vor dem Stopp hat die Nervenzelle keine Erregung geleitet. Für die Bearbeitung der folgenden Aufgaben ist unerheblich, auf welche Art dieser Stopp erfolgte.

a Erläutern Sie die Auswirkungen dieser Maßnahme auf eine Nervenfaser, solange diese keine Erregung leitet.

b Legen Sie dar, welche Auswirkungen diese Maßnahme auf eine Nervenfaser während der Erregungsleitung hat.

Aufgabe 8

Die Abbildung 12 zeigt den Aufbau eines Experimentes zur Untersuchung an einem Neuron. Auf dem Neuron sitzen Synapsen anderer Nervenzellen auf, deren Neuriten mit 1, 2 und 3 bezeichnet sind. Eine Elek-

trode befindet sich im Axonhügel des Neurons, die zweite im Umgebungsmedium. Die Experimente werden mithilfe künstlicher elektrischer Reize von 1 ms Dauer durchgeführt. Die Reize werden jeweils an der mit »Reiz« bezeichneten Stelle gesetzt.
Abbildung 12 gibt die Messkurven der Versuche wieder.
Kurve a: Neurit 1 wird elektrisch gereizt.
Kurve b: Die Neuriten 1 und 2 werden gleichzeitig elektrisch gereizt.
Kurve c: Die Neuriten 1, 2 und 3 werden gleichzeitig elektrisch gereizt.

a Wie ist die Elektrode A aufgebaut? Welche Funktion erfüllt sie? Welche Funktion erfüllt ein angeschlossenes Messgerät?

b Deuten Sie die Ergebnisse der Messungen anhand der Kurven a, b und c.

c Welcher Kurvenverlauf wäre im Vergleich zu Kurve a zu erwarten, wenn nur der Neurit 3 bei „Reiz" gereizt würde?

d Wie ließe sich experimentell ein Kurvenverlauf wie in Kurve c durch anschließende Reizung von Neurit 1 erreichen?

e Welcher Betrag der Depolarisation führte bei Kurve c zur Auslösung eines Aktionspotenzials?

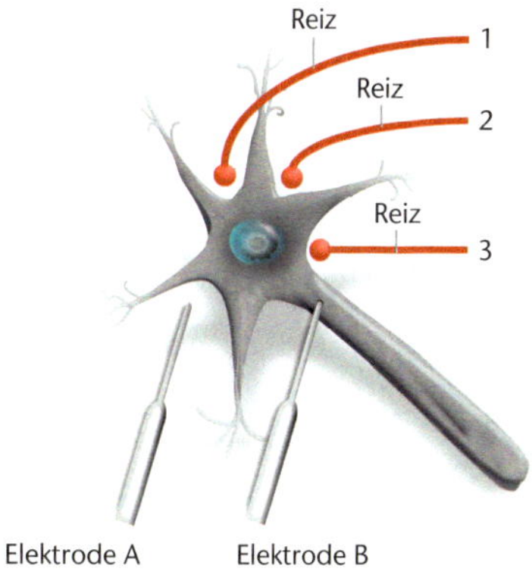

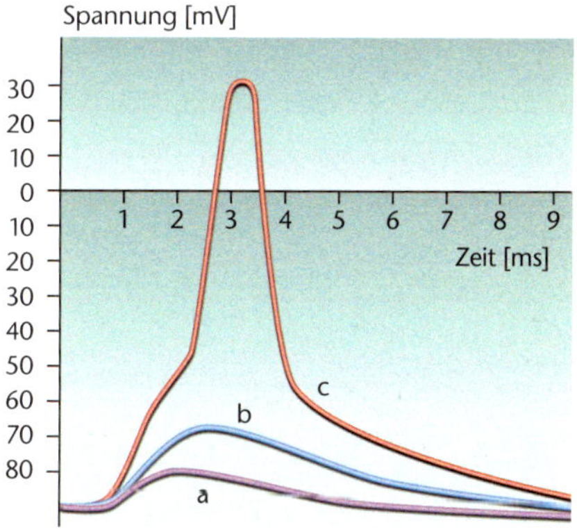

Abbildung 12: Reizexperiment

Aufgabe 9

Kobras (Giftschlangen) töten durch einen Giftbiss. Dabei injizieren sie ein Drüsensekret in das Beutetier. Das Gift blockiert die Erregungsübertragung bestimmter Synapsen. Radioaktiv markiertes Kobragift lagert sich an die postsynaptische Membran an.

a Zeichnen und beschriften Sie den Schnitt durch eine unerregte Synapse und geben Sie die Ladungsverhältnisse an der postsynaptischen Membran an (Größe der Zeichnung etwa 1/2 Seite).

b Beschreiben Sie die Vorgänge bei der Erregungsübertragung an einer Synapse (Sie können auch eine Zeichnung dazu anfertigen).

c Geben Sie eine mögliche Erklärung für die lähmende Wirkung des Kobragiftes.

d Der Aufbau des Kobragiftes ist auf der Abbildung schematisch dargestellt. Geben Sie die charakteristischen Bau- und Strukturmerkmale dieser Stoffklasse an. Nennen Sie drei Möglichkeiten, wie man Moleküle dieser Art biologisch unwirksam machen kann, und begründen Sie!

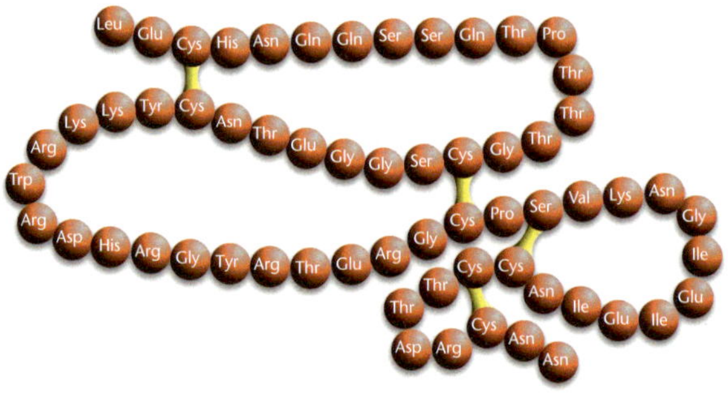

Abbildung 13: Chemische Struktur des Kobragiftes

Aufgabe 10

In einem Labor für nervenphysiologische Untersuchungen injizierte man Fröschen verschiedene Substanzen. Dabei machte man die folgenden Beobachtungen:
Frosch 1 erhielt einen Stoff, der den Ionentransport auf Dauer schädigt. Es erlöschen alle Reaktionen des Frosches.
Injizierte man Curare (Frosch 2) oder E 605 (Frosch 3), so führte dies zum gleichen Ergebnis. Curare und E 605 hemmen die Erregungsübertragung von einem Neuron zu einem anderen.

a Wie muss ein Neurophysiologe den Versuch anlegen, um bei einem Tier Ruhe- und Aktionspotenziale ableiten zu können?

b Welche Ergebnisse sind bei den drei Fröschen in Bezug auf Ruhe- und Aktionspotenzial zu erwarten, wenn das Axon künstlich gereizt wird? Begründen Sie Ihre Antwort!

c Skizzieren Sie den Verlauf eines Aktionspotenzials, wie er an einem Oszilloskop beobachtet werden kann. Führen Sie den Verlauf des Aktionspotenzials auf die am Neurolemm (Nervenzellmembran) ablaufenden Vorgänge zurück.

Aufgabe 11

In einem nervenphysiologischen Experiment wird eine isolierte Nervenfaser unterschiedlich stark gereizt. Die auftretenden Spannungsänderungen werden mit einem Oszilloskop aufgezeichnet (Kurven I und II der Abbildung 14 A), gleichzeitig wird die Konzentration der Natriumionen an der Außenmembran gemessen.

a Erklären Sie den Verlauf der Kurven I und II in Abbildung 14 A mit Hilfe der Kurven in Abbildung 14 B (der Kurvenverlauf unterhalb –80 mV braucht nicht erklärt zu werden).

b Skizzieren und erklären Sie die für diesen Versuch notwendige Versuchsanordnung.

c In der Medizin ist Procain (Handelsname: Novocain) ein Mittel zur örtlichen Betäubung. Die Wirkung am Nerv lässt sich mit der gleichen Versuchsanordnung untersuchen wie unter B. Abbildung 14 C zeigt die so gewonnenen Kurven. Die Abbildung 14A gilt nicht für diesen Versuch. Erklären Sie die Wirkung von Procain aufgrund dieser Kurven auch im Hinblick auf die Empfindung von Schmerzen.

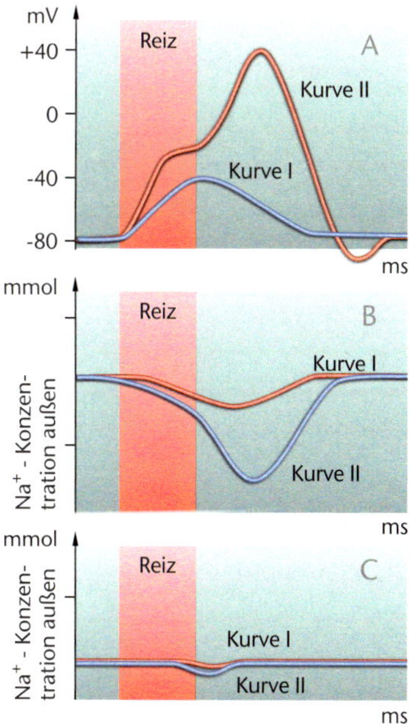

Abbildung 14: Experiment

d Andere schmerzlindernde Medikamente wirken an den Synapsen. Welche möglichen Wirkungsmechanismen sind hier möglich? Erwartet werden 3 Angaben.

Aufgabe 12

Werden Muskelfasern gereizt, so spielen sich dort ähnliche Vorgänge ab wie an den Membranen von Nervenzellen. Die Abbildungen zeigen Aktionspotenziale, die an einem Axon, einer Skelettmuskelfaser und einer Herzmuskelfaser eines Frosches abgeleitet wurden.

a Beschreiben und vergleichen Sie die einzelnen Kurvenverläufe.

b Erklären Sie den Kurvenverlauf des Aktionspotenzials auf der Grundlage der dabei ablaufenden elektrischen und biochemischen Vorgänge. Ordnen Sie die von Ihnen beschriebenen Vorgänge den einzelnen Kurvenabschnitten zu.

c Entwickeln Sie eine Hypothese zur Erklärung des Kurvenverlaufs am Herzmuskel auf der Grundlage elektrischer und biochemischer Vorgänge. Welche Bedeutung hat dieser spezielle Erregungsverlauf?

d Weshalb kann ein erneuter Reiz am Axon zum Zeitpunkt $t = 0{,}25$ ms kein weiteres Aktionspotenzial mehr auslösen? Geben Sie eine biochemische Begründung!

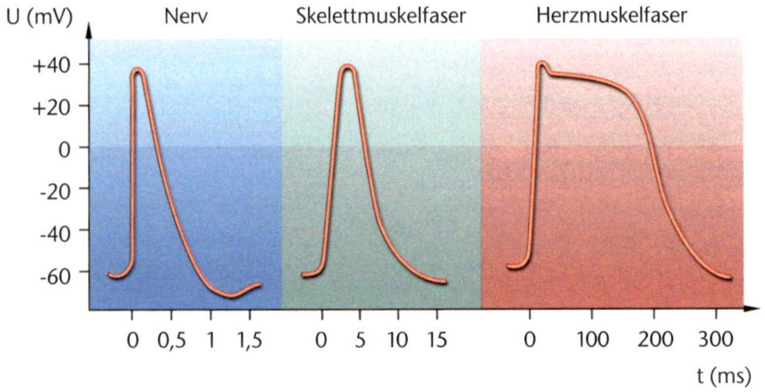

Abbildung 15: Aktionspotenziale

Aufgabe 13

Phosphorsäureester (Alkylphosphate, organische Phosphorverbindungen, z. B. E 605, chemische Kampfgase) hemmen die Cholinesterase.

Beschreiben Sie die Erregungsübertragung an der Synapse!

Beschreiben Sie die Wirkung der Phosphorsäureester auf den menschlichen Organismus!

Aufgabe 14

Das Indiopfeilgift Curare konkurriert mit Acetylcholin um den Rezeptor in der postsynaptischen Membran (kompetitive Hemmung) der motorischen Endplatte.

Welche Auswirkung hat eine größere Menge Curare auf die Skelettmuskulatur, insbesondere auf die Atemmuskeln? Begründen Sie Ihre Antwort!

Diese reversible (nicht dauerhafte) Wirkung wird bei Operationen benutzt. Welche Wirkung haben geringe Dosen von Curare? Begründen Sie Ihre Antwort!

2.7 Lösungsvorschläge

Aufgabe 1

Die Natrium-Kalium-Pumpe befördert Natriumionen aus der Zelle in den Interzellularraum (interstitiellen Raum) und Kaliumionen von außen nach innen. Daraufhin diffundieren die K^+-Ionen aus der Zelle, weil ihre Konzentration außen geringer ist. Im Innern der Zelle sind viele Proteinanionen und wenige Chloridionen. Cl^--Ionen diffundieren nach innen, weil ihre Konzentration außen höher ist als innen. Bei etwa –80 mV hören der K^+-Ausstrom und der Cl^--Einstrom auf. Die Tendenzen zum Ladungsausgleich und die zum Konzentrationsausgleich befinden sich im Gleichgewicht. Jetzt sind außen mehr positive Ladungsträger als innen, innen mehr negative Ladungsträger als außen. Weil sich diese unausgeglichenen positiven und negativen Ladungen anziehen, die Membran sie aber trennt, entsteht ein elektrisches Potenzial (eine elektrische Spannung) direkt an der Membran (Membranpotenzial).

Aufgabe 2

Starker Reiz = viele Aktionspotenziale, schwacher Reiz = wenige Aktionspotenziale (technisch: Frequenzmodulation).

Aufgabe 3

Ionen:
Nach Tendenz zum Konzentrationsausgleich: Kationen wandern nach rechts. Anionen sind zu groß.
Folge: Ladungsungleichgewicht.
Nach Tendenz zum Ladungsausgleich: Kationen streben zurück.
Folge: Ionenwanderung so lange, bis sich Tendenz zum Konzentrationsausgleich und Tendenz zum Ladungsausgleich die Waage halten: Gleichgewicht!
Folge: Die Ionen sind in der Kammer nicht gleichmäßig verteilt! Nahe der Membran tritt links eine höhere Konzentration von Anionen, rechts eine höhere von Kationen auf. Dadurch baut sich an der Membran ein elektrisches Potenzial auf: rechts positiv, links negativ. Dieses Gleichgewichtspotenzial ist für jede Ionenart verschieden und beträgt für Kalium z. B. rund –60 mV, für Natrium rund +60 mV.
Wasser:
Nach Tendenz zum Konzentrationsausgleich: Links weniger Wassermoleküle als rechts (weil rechts die Ionen bei der Gesamtzahl der Teilchen mitgezählt werden müssen!).
Folge: Wasser wandert nach links: Der Wasserspiegel (Wasserdruck) steigt links so lange, bis die Zahl der zurückwandernden Wassermoleküle gleich der Zahl der hinwandernden Moleküle ist: Gleichgewicht. Tendenz zum Ladungsausgleich spielt für das Wasser keine Rolle.

Aufgabe 4

a Antwort: Ionenwanderung.
Nach Tendenz zum Konzentrationsausgleich:
Linke Kammer: Na^+-Ionen wandern nach rechts, bis sich auf beiden Seiten gleich viele Na^+-Ionen befinden. Proteinanionen zu groß, diffundieren nicht.
Folge: Links hohe Konzentration für Proteinanionen. Rechte Kammer: K^+-Ionen

wandern nach links, bis sich auf beiden Seiten gleich viele K^+-Ionen befinden. Cl^--Ionen wandern nach links.

b Dem Konzentrationsausgleich steht die Tendenz zum Ladungsausgleich entgegen! Die Cl^--Ionen werden nur so lange nach links wandern, bis sich die Tendenz zum Konzentrationsausgleich und die Tendenz nach Ladungsausgleich die Waage halten.
Folge: Es werden nur wenige Cl^--Ionen auf die linke Seite diffundieren, es entsteht eine Spannungsdifferenz.

c Nach Tendenz zum Ladungsausgleich: Die Kationen versuchen einen Ladungsausgleich. Wandern sie, entsteht ein Konzentrationsunterschied.
Zwischen Ladungs- und Konzentrationsausgleich stellt sich ein Gleichgewicht ein. Am Ende dieser Diffusionsvorgänge bleibt eine geringe Polarisierung der Membran bestehen mit negativem Potenzial auf der linken Seite.

Aufgabe 5

a Nach Tendenz zum Konzentrationsausgleich:
Rechte Kammer: Na^+-Ionen werden nach links gepumpt, ihre Zahl nimmt rechts stark ab. Proteinanionen zu groß, diffundieren nicht.
Folge: Ungleichgewicht der Konzentration und der Ladungen.
Linke Kammer: K^+-Ionen wandern nach rechts, bis sich auf beiden Seiten gleich viele K^+-Ionen befinden. Cl^--Ionen wandern nach rechts, bis sich auf beiden Seiten gleich viele Chloridionen befinden.

b Nach Tendenz zum Ladungsausgleich:
K^+-Ionen können keinen Konzentrationsausgleich herbeiführen, weil dann ein starkes Ladungsungleichgewicht entsteht (denken Sie an die Protein- und die Na^+-Ionen!). Es stellt sich ein Gleichgewicht zwischen beiden Tendenzen ein: links viele Na^+-Ionen, rechts viele K^+-Ionen, links mehr Cl^--Ionen als rechts, rechts alle Proteinanionen.
Am Ende dieser Ionenbewegungen bleibt eine Polarisierung der Membran bestehen mit negativem Potenzial auf der rechten Seite.
Die tatsächlichen Vorgänge an der Zellmembran entsprechen denen im letzten Gedankenexperiment. Durch die Natrium-Kalium-Pumpe werden Na^+-Ionen aus der Zelle hinaus- und K^+-Ionen in die Zelle hineinbefördert.

Weil die K^+-Ionen relativ frei diffundieren können, spielt die Natrium-Kalium-Pumpe für sie kaum eine Rolle.

Aufgabe 6

Aufgabe Wort für Wort genau lesen, dabei Stichworte aufschreiben.
Aufgabenstellung übersichtlich machen!
Zur Grafik:

- Abschnitt A: Temperatur 18,3°C, in 60 min Abfall von 100% auf 50%
- Abschnitt B: Temperatur 0,5°C, in 60 min Abfall von 3% auf 2%
- Abschnitt C: Temperatur 22,5°C, in 95 min Abfall von 80% auf 10%

Natrium-Kalium-Pumpe befördert Na^+-Ionen aus der Zelle. Ein Membranpotenzial entsteht. Da die Membran für Natriumionen geringfügig durchlässig ist, strömen Na^+-Ionen wieder in die Zelle zurück und würden das Potenzial abbauen (Leckstrom). Deshalb muss die Pumpe ständig arbeiten.

- Zur Grafik: Messungen erfolgten bei verschiedenen Temperaturen. Bei 0,5°C ist der Na^+-Ausstrom am geringsten, bei 18,3°C erheblich höher und bei 22,5°C am höchsten. Weshalb ist das so?

Alle Stoffwechselvorgänge folgen der RGT-Regel (Reaktionsgeschwindigkeits-Temperatur-Regel: Bei Erhöhung der Temperatur um 10°C verdoppelt bis vervierfacht sich die Reaktionsgeschwindigkeit.). Dies hängt u. a. mit der Wärmebewegung der Teilchen zusammen. Bei 0,5°C arbeitet die Natrium-Kalium-Pumpe langsamer als bei 18,3 bzw. 22,5°C. Diffusion ist ebenfalls ein temperaturabhängiger Vorgang, also ist auch der Leckstrom geringer, gegen den die Natrium-Kalium-Pumpe arbeitet, die Kurve verläuft flacher.

Mit zunehmendem Konzentrationsunterschied (Konzentrationsgradienten) nimmt der Rückstrom der Na^+-Ionen immer mehr zu, bis sich Na^+-Ausstrom und Leckstrom die Waage halten. Dann wandern auch radioaktiv markierte Natriumionen vermehrt in die Zelle zurück. Der gesamte Vorgang verläuft logarithmisch.
Die Interpretation des Abschnitts C lässt sich erweitern:
Das Zeitintervall von 95 min kann grafisch auf 60 min verkürzt werden. Dazu wird bei 190 min eine senkrechte Linie gezogen und der zugehörige relative Natriumausstrom abgelesen: ca. 20%. Daraus lässt sich eine neue Tabelle entwickeln:

Temperatur	in 60 min relativer Na^+-Ausstrom	Differenz
0,5°C	Abfall von 3% auf 2%	1%
18,3°C	Abfall von 100% auf 50%	50%
22,5°C	Abfall von 80% auf 20%	60%

Aufgabe 7

a Marklose Nervenzelle besitzt kontinuierliche Erregungsleitung, mäßige Isolierung und Abdichtung der Nervenzelle.
Natriumausstrom gestoppt = Natrium-Kalium-Pumpe gestoppt. Ihre Aufgabe: Na^+ nach draußen, K^+ nach innen: Aufbau des Membranpotenzials.
Auswirkung ohne Erregungsleitung:
Tendenz zum Ladungs- und Konzentrationsausgleich: Temperaturabhängig werden Na^+-Ionen in die Zelle einströmen (Membran ist für Na^+ geringfügig durchlässig, Leckstrom!), K^+-Ionen verlassen im Gegenzug die Zelle. Das Ruhepotenzial von –80 mV bleibt über einen längeren Zeitraum erhalten, bis sich die Konzentrationen für K^+- und Na^+-Ionen ausgeglichen haben. Die Anionen können keinen vollständigen Konzentrationsausgleich herbeiführen. Deshalb bleibt am Ende ein geringes Membranpotenzial zurück (siehe Ionenvorgänge an der Membran, Seite 20).

b Auswirkung während der Erregungsleitung:
Na^+-Kanäle sind gerade geöffnet. Also werden Na^+-Ionen in die Zelle wandern und an der Membran ein Aktionspotenzial aufbauen. Weil die Na^+ Kanäle spannungsgesteuert sind, werden sie sofort wieder geschlossen und inaktiviert. K^+-Ionen verlassen die Zelle und stellen das Ruhepotenzial wieder her. Es wird zunächst aufrechterhalten. Wegen des Leckstroms wandern Na^+-Ionen in die Zelle und zum Ausgleich der Ladungen (und der Konzentrationen) K^+-Ionen in die Zelle, bis sich die Konzentrationen ausgeglichen haben. Dabei wird das Membranpotenzial sehr lange aufrechterhalten, weil bereits eine sehr kleine Menge an Ionen für den Aufbau des Potenzials genügt. Es erlischt nicht völlig, weil zwischen Chlorid- und Proteinanionen kein Konzentrationsausgleich möglich ist.

Aufgabe 8

a Bau der Elektrode A: Glaselektrode, Spitzendurchmesser unter 1 µm, gefüllt mit Elektrolyt, in den ein Silberdraht zur Ableitung eintaucht. Zellmembran dichtet ab. Messgerät: Funktion? Oszilloskop mit vorgeschaltetem Verstärker, Anzeige der sehr geringen Spannungen und Spannungsänderungen auf der Elektrodenstrahlröhre.

b Kurve a: Neurit 1: unterschwelliger Reiz, Depolarisierung zu gering, z.B. weil Synapse vom Ursprungskegel (Axonhügel) sehr weit entfernt ist.
Kurve b: Neuriten 1 + 2: Summation beider Erregungen reicht nicht zur Auslösung des Aktionspotenzials.
Kurve c: Neuriten 1 + 2 + 3: Aktionspotenzial, ausgelöst durch Summation der Erregungen durch drei Synapsen, Depolarisierung reicht aus.

c Wie unterscheidet sich der Kurvenverlauf für Neurit 3 im Vergleich zu a?
Synapse von Neurit 3 liegt näher am Ursprungskegel, könnte stärkere Depolarisierung bewirken, eventuell sogar allein ein Aktionspotenzial auslösen, das ist jedoch nicht entscheidbar!

d Wie Neurit 1 reizen, damit Kurve c entsteht? Mehrere Reize im Abstand weniger Millisekunden setzen, zeitliche Summation. Ein stärkerer Reiz am Neurit 1 wäre wirkungslos, weil die vom Ort „R" ausgehenden Aktionspotenziale gleich sind und folglich die Synapse von 1 keine stärkere Erregung übertragen würde.

e Betrag der Depolarisation für Aktionspotenzialauslösung? Depolarisation bezeichnet die Veränderung gegenüber dem Ursprungswert. Das Ruhepotenzial beträgt –90 mV, der Schwellenwert liegt bei –50 mV, die Differenz dazwischen ist der Betrag der Depolarisation, also 40 mV.

Diese Gedanken sind nun noch in einen flüssigen Text zu bringen.

Aufgabe 9

a
- Zeichnung der Synapse: Versuchen Sie es! Vielleicht helfen Ihnen die folgenden Stichworte weiter: Mitochondrien, präsynaptische Membran, synaptische Bläschen, synaptischer Spalt, postsynaptische Membran, Rezeptoren (sonst siehe Seite 22).
- Ladungsverhältnisse an postsynaptischer Membran: Wie an fast jeder tieri-

schen Zelle und an der Zellmembran üblich: innen negativ (Proteinanionen), außen positiv (Na^+-Ionen).

b Erregungsübertragung an der Synapse: Aktionspotenzial

- Einstrom von Ca^{2+}-Ionen bewirkt Ausschüttung von Acetylcholin in den synaptischen Spalt
- Diffusion zur postsynaptischen Membran
- Bindung an Rezeptoren
- Öffnung von Na^+-Kanälen
- Depolarisierung der Membran (postsynaptisches Potenzial)
- Spaltung des Acetylcholins durch Acetylcholinesterase in Cholin und Acetationen
- Schließen der Na^+-Kanäle
- Ruhepotenzial wieder hergestellt
- Rückführung von Ca^{2+} und Cholin, Abtransport der Acetationen
- Resynthese von Acetylcholin
- Speicherung in synaptischen Bläschen.

c Mechanismus der Giftwirkung:
Anlagerung an postsynaptischer Membran bedeutet wahrscheinlich Besetzung der Acetylcholinrezeptoren, ohne die zugehörigen Kanäle zu öffnen (Konkurrenzhemmung?) ⇒ keine Erregungsübertragung mehr möglich ⇒ Lähmung der Atemmuskulatur, Tod.

d Zeichnung des Giftaufbaus interpretieren (Bau, Struktur, Denaturierung)

- Bau: Kette von Aminosäuren, verbunden durch Peptidbindung: Polypeptid
- Strukturen: **Primärstruktur** = Aminosäuresequenz
  Sekundärstruktur = Kettenlänge, Kettenform (Schrauben- oder Faltblattstruktur), Kettenbeweglichkeit
  Tertiärstruktur = definierte, gegenseitige räumliche Orientierung aller Atome (Seitenketten) in Proteinen
  Die Seitenketten nehmen energieärmsten und damit stabilsten Zustand ein. Sie falten sich dazu, bilden Wasserstoff-Brückenbindungen, haben Wechselwirkungen mit hydrophoben Aminosäureresten oder bilden elektrostatische Bindungen oder binden kovalent durch Disulfidbrücken.
  Quartärstruktur = mehrere gleiche oder verschiedene Peptidketten lagern sich zu einem genau definierten neuen Molekül zusammen (z. B. Hämoglobin)

- Denaturierung durch Erhitzen, enzymatische Spaltung durch Verdauungsenzyme (Peptidasen), Ausfällen oder Konformationsänderung (Änderung der räumlichen Struktur) durch geänderten pH-Wert

Aufgabe 10

Versuchsanordnung für neurophysiologische Untersuchungen beschreiben (Seite 13 und Abbildung 4):

a

- Nerv unter Ringer[11]-Lösung freilegen, eventuell herauspräparieren, in Nährlösung bringen.
- Eine ableitende und eine reizende Elektrode (Glaskapillare) unter mikroskopischer Kontrolle ins Axon einstechen, Bezugselektrode ins Umgebungsmedium.
- Reizelektrode an Reizgerät und Kanal 1 eines Zweistrahl-Oszilloskops: Kanal 1: Darstellen des Reizes.
- Ableitende und Bezugselektrode an Verstärker, diesen an Kanal 2 anschließen: Kanal 2: Darstellen der Reaktion des Axons.

b

Es erlöschen alle Reaktionen bei den drei Fröschen. Dies könnte bedeuten, dass sie tot sind. Dann wäre die Aufgabe erledigt. Wir gehen hier davon aus, dass sie leben.

- Frosch 1: Gift schädigt Ionentransport am Neurolemm dauerhaft ⇒ kein Ionentransport.
  Achtung! In der Aufgabe ist diese Aussage sehr ungenau formuliert und bezieht sich in dieser Form nicht nur auf aktiven oder passiven, sondern auf jeden Ionentransport. Wenn kein Ionentransport möglich ist, gibt es kein Ruhe- und kein Aktionspotenzial! Dann ist der Frosch aber auch tot!
- Frosch 2: Curare schädigt Erregungsübertragung zwischen Neuronen, blockiert an Synapsen die Erregungsübertragung (an welcher Stelle, kann aus dem Experiment nicht geschlossen werden. Tatsächlich hemmt Curare Acetylcholin kompetitiv, also durch Konkurrenz um den Acetylcholinrezeptor.) ⇒ Ruhe- und Aktionspotenzial laufen unbehindert ab, können aber die Synapse nicht überwinden. Die Muskulatur des Frosches ist völlig entspannt.

---

[11] Ringer, Sidney (1835–1910), britischer Arzt und Pharmakologe, entwickelte mit der Blutflüssigkeit gut übereinstimmende (isotonische) Lösungen aus Salzen.

- Frosch 3: E 605 wirkt wie Curare, schädigt Erregungsübertragung zwischen Neuronen, wirkt also an der Synapse (an welcher Stelle, kann aus dem Experiment nicht geschlossen werden. Tatsächlich hemmt E 605, ein Phosphorsäureester, die Acetylcholinesterase.) ⇒ Ruhe- und Aktionspotenzial laufen ab, können die Synapse nicht überwinden, weil diese dauererregt ist. Frosch 3 müsste Krämpfe, Muskelzuckungen oder Muskelstarre zeigen.

Zusammenhang Aktionspotenzial – Vorgänge an der Zellmembran

- Ruhepotenzial: Natrium-Kalium-Pumpe erhöht Konzentration der Natriumionen außen, der Kaliumionen innen. Kalium kann frei diffundieren, wandert wegen des Konzentrationsgefälles nach außen, Chloridionen wandern aus gleichem Grund nach innen, nicht diffundierende Proteinanionen stoßen Chloridionen ab, Gleichgewicht zwischen dem Bestreben nach Konzentrationsausgleich und Ladungsausgleich der Ionen Na^+, K^+, Cl^- und $Protein^-$ baut Ruhepotenzial auf (negative Spannung innen).
- Aktionspotenzial: Depolarisierung des Ruhepotenzials (um 30–50 mV) auf den Schwellenwert öffnet spannungsgesteuerte Natriumkanäle, Na^+-Ionen strömen in Zelle ⇒ Aktionspotenzial (positive Spannung innen!, Dauer 1 ms) ⇒ Natriumkanäle inaktiviert (Refraktärzeit) und spannungsgesteuerte Kaliumkanäle geöffnet. K^+-Ionen diffundieren aus Zelle heraus → Ruhepotenzial wieder aufgebaut ⇒ spannungsgesteuerte Natriumkanäle werden reaktionsfähig (reaktiv), bleiben aber geschlossen (Refraktärzeit beendet), spannungsgesteuerte Kaliumkanäle etwas länger geöffnet, als zum Aufbau des Ruhepotenzials notwendig ⇒ kurzzeitige Hyperpolarisation.

Aufgabe 11

a Kurvenverlauf der Kurve I in Abbildung 14 A und B: unterschwelliger (schwacher) Reiz, einige Na^+-Kanäle zwar geöffnet, deshalb etwas weniger Na^+-Ionen außen. Schwellenwert wurde nicht erreicht, also kein Aktionspotenzial, K^+-Ausstrom und später die Natrium-Kalium-Pumpe stellen den alten Zustand wieder her (Anstieg der Na^+-Konzentration außen in Abbildung 14 B).
Kurvenverlauf der Kurve II in Abbildung 14 A und B: Aktionspotenzial, Schwellenwert wurde erreicht, Konzentration der Na^+-Ionen außen nimmt stärker ab als beim unterschwelligen Reiz, weil die spannungsgesteuerten Na^+-Kanäle geöffnet werden und Na^+-Ionen in die Zelle einströmen ⇒ Aktionspotenzial (positive Span-

nung innen!, Dauer 1 ms) ⇒ dadurch werden Natriumkanäle inaktiviert (Refraktärzeit) und spannungsgesteuerte Kaliumkanäle geöffnet, K^+-Ionen aus Zelle ⇒ Ruhepotenzial wieder hergestellt ⇒ spannungsgesteuerte Natriumkanäle aktiviert (reaktiv), sind aber geschlossen (Refraktärzeit beendet), spannungsgesteuerte Kaliumkanäle etwas verzögert geschlossen (Permeabilität für Kalium vermindert) ⇒ kurzzeitige Hyperpolarisation.

b Axon mit je einer eingestochenen ableitenden und erregenden Elektrode, Bezugselektroden außen, Reizgenerator, Verstärker, Oszilloskop. Versuchsbeschreibung. Der Aufbau sollte Ihnen vollkommen vertraut sein.

c Kurven I und II in Abbildung 14 C: Äußerst geringe Veränderung der Na^+-Konzentration außerhalb der Zelle ⇒ Procain verhindert Öffnen der Na^+-Kanäle, Schwellenwert wird nicht erreicht, keine Weiterleitung eines Aktionspotenzials ⇒ Schmerzsignal nicht geleitet, also schmerzfrei.

d Ansatzmöglichkeiten, die Erregungsleitung an den Synapsen zu verhindern, sind

- Blockade des Ca^{2+}-Einstroms in die Synapse verhindert Abgabe des Neurotransmitters in den synaptischen Spalt.
- Blockade der Ausschüttung von Neurotransmitter in den synaptischen Spalt.
- Besetzung (Hemmung) des Rezeptors für den Neurotransmitter (z. B. durch kompetitive Hemmung = Konkurrenzhemmung).
- Blockade des Na^+-Kanals in der postsynaptischen Membran.
- Vorzeitiger Abbau des Neurotransmitters.
- Verhinderung der Resynthese des Transmitters in der Synapse.

Aufgabe 12

a Kurven beschreiben und vergleichen. Was lässt sich an einer Kurve beschreiben?

- Was zeigt die Abszisse (x-Achse)? Sehr oft Zeitachse. Trifft hier zu!
- Was zeigt die Ordinate (y-Achse)? Diese Werte hängen von denen der Abszisse ab. Hier: mV, also elektrisches Potenzial.
- Einteilung (Skalierung) der Koordinaten: Sind die Skalierungen gleich? Nein, sie unterscheiden sich jeweils um den Faktor 10.
- Wo beginnen die Kurven? Alle drei beginnen bei –60 mV.
- Anstieg? Alle Kurven haben etwa gleichen Anstieg, also sehr schnelle Depolarisierung der Membranen.

- Wo liegen Maxima und Minima? Hier: Das Maximum aller drei Kurven liegt bei +40 mV, überall also gleiche Höhe des Aktionspotenzials.
- Wie fallen die Kurven ab? Hier liegen die Unterschiede! Beachten Sie: Äußerlich gleichen sich Kurven von Axon und Skelettmuskulatur stark. Die Zeitachse macht den Unterschied: Am Skelettmuskel fällt die Spannung 10-mal langsamer ab. Am Herzmuskel ist unterhalb des Maximums ein längeres Plateau zu erkennen, erst dann erfolgt der langsame Abfall auf den alten Wert.

b Schlüsselworte: Erklären, Zuordnen

- Kurvenverlauf erklären nach chemischen und biochemischen Gesichtspunkten . Lesen Sie genau: Nur für Abbildung Axon!
- Vorgänge der Abbildung zuordnen.
- Stichworte: Erklären Sie genau die Entstehung von Ruhepotenzial, Depolarisierung , Aktionspotenzial, Refraktärphase usw. Lesen Sie weiter vorn nach! Diese Abläufe wurden in diesem Band bewusst mehrfach und stets etwas anders dargestellt, weil sie so sehr wichtig sind.

c Achtung: Nur Abbildung Herzmuskel!
Schlüsselworte: Hypothese entwickeln, Bedeutung?

- Grundlage sind Vorgänge an der Membran
- biologische Bedeutung

Überlegungen:

- Ruhepotenzial und Kurvenanstieg gleichen denen von Axon und Skelettmuskel. Da der Aufbau des Aktionspotenzials vom Öffnen und Schließen der spannungsgesteuerten Natriumkanäle abhängt, kann die Ursache für die lange Repolarisation nicht bei den Natriumkanälen liegen.
- Refraktärzeit (Repolarisation) sehr lang. Wahrscheinlich sehr langsamer Ausstrom der Kaliumionen. Ursache könnten die spannungsgesteuerten Kaliumkanäle sein, die hier entweder fehlen oder aber anders funktionieren.
- Biologische Bedeutung: Die sehr lange Refraktärzeit lässt dem hoch beanspruchten Herzmuskel eine längere Erholungsphase. Und der nächste Herzschlag darf erst ausgelöst werden, wenn sich die Herzkammern mit Blut gefüllt haben.

d Bezieht sich aufs Axon!
Alle Na^+-Kanäle schließen sich 1 ms nach Depolarisation und sind dann völlig unerregbar (absolute Refraktärphase).

Aufgabe 13

a Siehe Erregungsübertragung an der Synapse auf Seite 22.

b Cholinesterase spaltet Acetylcholin im synaptischen Spalt in eine Acetylgruppe und Cholin. Dadurch können die ligandengesteuerten Natriumkanäle wieder geschlossen werden und die Erregung der postsynaptischen Membran hört auf. Unterbleibt die Spaltung, so bleiben die Kanäle geöffnet. Eine Dauererregung ist die Folge mit Muskelsteife, Krämpfen, Muskelzuckungen, Bewußtseinsstörungen, Durchfällen und Erbrechen u.a.. Tod durch Atemlähmung. Gegengift (Antidot) ist übrigens Atropin.

Aufgabe 14

Hilfe: Motorische Endplatte funktioniert genau wie eine normale Synapse.

a Erregungsübertragung an der motorischen Endplatte ist blockiert. Eine Kontraktion der Muskulatur kann nicht erfolgen. Tod durch Atemlähmung.

b Der Wirkungsmechanismus für Curare ist eine kompetitive Hemmung des Acetylcholins. Beide konkurrieren um den Rezeptor in der postsynaptischen Membran. Die Hemmung unterliegt dem Massenwirkungsgesetz (kurz: viel Hemmstoff – große Wirkung, wenig Hemmstoff – geringe Wirkung). Die Muskulatur wird – je nach Dosis – teilweise oder völlig entspannt. Medikamente, die die Muskulatur entspannen, nennt man Muskelrelaxanzien.

Kapitel 3

Sinneszellen und Sinnesorgane

Unser Leben gleicht dem Leben in einer Gefängniszelle. Die Fenster nach draußen sind unsere Sinnesorgane. Wir nehmen nur das wahr, was sie uns vermitteln. Dabei wird die eindringende Wirklichkeit durch die Verrechnungskünste der Sinnesorgane und des Nervensystems verfälscht.

3.1 Bau und Funktion von Sinneszellen und Sinnesorganen

Sinnesorgane sind die einzigen Informationsquellen eines Organismus über seine Umwelt. Sie enthalten Sinneszellen, die in der Lage sind, Außenreize in Nervensignale (Aktionspotenziale) umzusetzen. Dabei reagieren sie hoch selektiv nur auf einen Reiztyp (z. B. eine Luftschwingung von 330 Hertz als Kammerton a, die Lösung von Kochsalz als salzig, elektromagnetische Wellen zwischen 650 und 700 nm als rotes Licht), nehmen aber verschiedene Reizstärken wahr (z. B. laut, heiß, hell, dunkel) und reagieren auf unterschiedlich lange Reizung verschieden, können sich also z. B. an einen Dauerreiz (Sitzen!) gewöhnen. Die Rezeptorzellen produzieren ein Signal mit höherer Energie, als sie der Reiz enthält. Der Reiz betätigt gewissermaßen einen »Schalter« für höhere Energie. Diese Energie entstammt dem Stoffwechsel der Zelle.

Beispiel: Ein Photon des roten Lichtes mit einer Strahlungsenergie von $3 \cdot 10^{-19}$J wird in einer Sehzelle zu einem Rezeptorstrom von $5 \cdot 10^{-14}$J verstärkt, das ist ein Verstärkungsfaktor von fast 170 000! Die Meldungen aus allen Sinneszellen bestehen durchweg aus Aktionspotenzialen. Am Oszilloskop können sie nicht nach ihrer Herkunft unterschieden werden. Sie gelangen zu Großhirnfeldern und werden dort ihrer Herkunft nach ausgewertet. Dies lässt sich mit der Klingelanlage eines Hochhauses vergleichen, bei der jeder Klingelknopf (= Rezeptor) zu nur einer Wohnung (= Großhirnfeld) führt.
Alle Reize auf eine Sehzelle werden deshalb als Lichtreiz interpretiert, ein Schlag aufs Auge lässt „Sterne“ sehen. Manchmal senden Hörzellen ein Signal (Schmerz?), das vom Gehirn als Pfeifen interpretiert wird. Dieser Ton kann von anderen nicht gehört werden.

Dem Bau nach unterscheidet man primäre und sekundäre Sinneszellen und Sinnesnervenzellen (Abbildung 16).

- **Primäre Sinneszellen** besitzen ein Axon, das die Erregung auf eine Nervenzelle überträgt. Sie sind aus Nervenzellen hervorgegangen. Wirbellose Tiere besitzen ausschließlich primäre Sinneszellen.
- **Sekundäre Sinneszellen** tragen kein Axon. Sie übertragen die Erregung direkt mithilfe eines Neurotransmitters (Überträgerstoffes) auf die Dendriten einer anderen Nervenzelle. Die Menge des ausgeschütteten Transmitters ist von der Reizstärke abhängig. Sie sind aus Muskel-, Epithel- oder Bindegewebszellen entstanden. Sekundäre Sinneszellen kommen nur bei Wirbeltieren vor.
- **Sinnesnervenzellen** sind Nervenzellen, die der Reizaufnahme dienen und deren Dendriten weit auffasern.

Die Funktion einer primären Rezeptorzelle (Sinneszelle) lässt sich prinzipiell folgendermaßen erklären: Der Reiz verändert die räumliche Struktur eines Tunnelproteins in der Membran. Werden z. B. Natriumkanäle geschlossen (Sehzellen der Wirbeltiere), dann sinkt der Rezeptorstrom. Werden z. B. Natriumkanäle geöffnet, dann strömen Natriumionen in die Zelle und depolarisieren sie. Wird am Axon schließlich der Schwellenwert erreicht, dann sendet die Rezeptorzelle ein Aktionspotenzial. Das Rezeptorpotenzial, das ein Aktionspotenzial auslöst, nennt man auch Generatorpotenzial. Seine Höhe bestimmt gleichzeitig die Reizschwelle (Empfindlichkeit) der Sinneszelle. Ist der Reiz stark genug, öffnen viele Kanäle und die Reizschwelle wird überschritten, ist er schwach, öffnen nur wenige und es wird kein Aktionspotenzial ausgelöst. Bei steigender Reizstärke werden die Abstände zwischen den Aktionspotenzialen immer kürzer, bis irgendwann die maximal mögliche Anzahl an Aktionspotenzialen je Sekunde erreicht ist (einige Hundert pro Sekunde). Ein noch stärkerer Reiz kann dann nicht mehr übermittelt werden. Die Tatsache, dass die Reizstärke durch die Anzahl der Aktionspotenziale pro

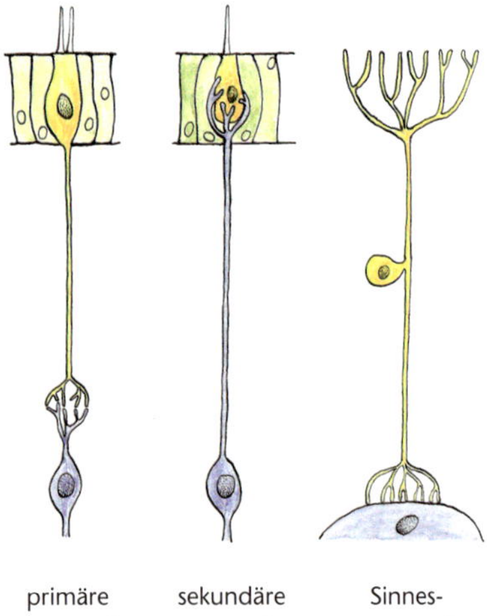

Abbildung 16: Sinneszelltypen

Zeiteinheit übertragen wird, nennt man Frequenzmodulation der Reizstärke.
Bei vielen Rezeptorzellen folgt die Übersetzung der Reizstärke in die Nervenerregung einem logarithmischen Verlauf: Im Bereich geringer Reizstärken reagieren die Sinneszellen sehr empfindlich, bei hohen Reizstärken lässt ihre Empfindlichkeit immer mehr nach.
Zusammenhang zwischen Reizstärke und Aktionspotenzialen bei einem konstanten Reiz:

- Tonische Sinneszellen erzeugen eine konstante Folge von Aktionspotenzialen (z. B. in Statocysten).
- Bei phasischen Sinneszellen lässt die Zahl der Aktionspotenziale stetig nach und hört schließlich ganz auf.
- Phasisch-tonische Sinneszellen geben zunächst eine rasche Folge von Aktionspotenzialen ab, die innerhalb von Sekunden oder Minuten auf einen niedrigeren Wert abfällt und dann konstant bleibt.

Mit der Sprache eines Informatikers könnte man sagen, dass das analoge Signal aus der Außenwelt in ein digitales Signal (Aktionspotenzial vorhanden/nicht vorhanden) übersetzt wird. An erregungsverarbeitenden Nervenzellen wird aus den digitalen Signalen wieder ein analoges, das dann wieder in ein digitales Signal verwandelt wird. Sinneszellen gleichen also Analog-Digital-Wandlern, erregungsverarbeitende Nervenzellen Digital-Analog-Digital-Wandlern.
Nach der Art des Reizes, der die Sinneszellen erregt, teilt man die Sinnesorgane wie folgt ein (die Aufzählung ist nicht vollständig!):

- mechanisch erregte Sinnesorgane **(Mechanorezeptoren):** z. B. Tastsinn, Schmerzsinn, Schweresinn, Strömungssinn (Bogengänge im Ohr), Gehörsinn und Muskelsinn.
- chemisch erregte Sinneszellen **(Chemorezeptoren):** Hierher gehören der Geschmackssinn als Nahsinn, der Geruchssinn als Fernsinn und die Rezeptoren für die Messung von Sauerstoff- oder Kohlendioxidgehalt im Blut.
- Temperatursinn **(Thermorezeptoren):** Sie liegen als Kälte- oder Wärmerezeptoren in der Haut und für die Steuerung der Körpertemperatur im Gehirn.
- elektrischer Sinn: Wahrnehmung von elektrischen Feldern zur Orientierung oder zur Nahrungssuche bei Fischen.

- magnetischer Sinn: Besonders Zugvögel können die Richtung von Magnetfeldern zur Orientierung ausnutzen.
- Lichtsinn (Rezeptoren für elektromagnetische Wellen, **Fotorezeptoren**): Diese Rezeptoren sind im Tierreich weit verbreitet und sind Grundlagen der Augen.

3.2 Schmerzsinn (Nozirezeptoren)

In der Säugerhaut liegen zwischen den Zellen freie Nervenendigungen mit Endknöpfchen. Im Körperinneren vermitteln wohl Überträgersubstanzen den Schmerz, wie z. B. Histamin, Acetylcholin, Serotonin und Kinine. Sie werden bei Verletzungen oder Entzündungen freigesetzt. Ein Schmerzsinn ist nicht für alle Tiere nachgewiesen. Insekten besitzen ziemlich sicher keinen Schmerzsinn. Man kann einer Biene den Hinterleib abtrennen, das Tier saugt weiter Nektar. Beim Menschen sind Nozirezeptoren in allen Organen zu finden, nicht jedoch in Gehirn, Rückenmark und Lunge.

3.3 Schweresinn (statischer Sinn, Raumlagesinn)

Eine der konstantesten Größen, die auf einen Organismus einwirkt, ist die Schwerkraft. Sie wird in statischen Sinnesorganen benutzt, um die Lage im Raum zu ermitteln und auch zu steuern. Das Prinzip ist recht einfach: Auf den nur im Elektronenmikroskop sichtbaren Sinneshaaren von Haarsinneszellen liegt ein kleiner Körper (Statolith = Schweresteinchen), der von der Erdanziehungskraft (Gravitation) angezogen wird. Verändert sich die Lage im Raum, dann werden die Sinnescilien verbogen. Durch Reflexe wird die Raumlage korrigiert.

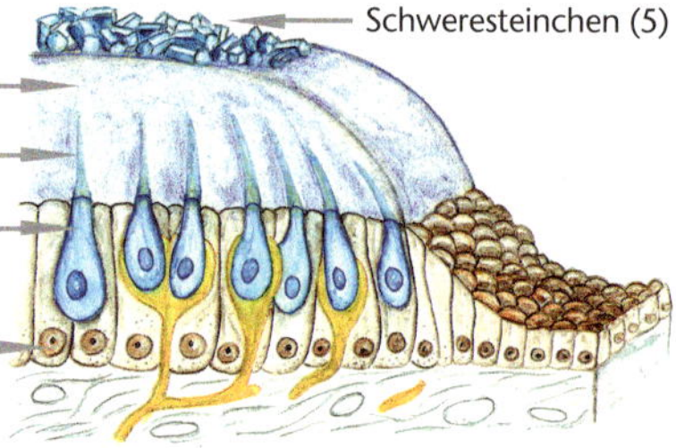

Abbildung 17: Schweresinn

Statocysten
Die Sinneszellen bilden eine kleine Blase, in deren Mitte sich eine Gallertkugel mit eingelagerten Kristallen befindet. Bei Zehnfußkrebsen liegt am Grunde der

ersten Antennen je eine Statocyste. Der darin befindliche Statolith wird bei jeder Häutung abgestoßen. Der Krebs steckt dann selbst ein kleines Steinchen hinein. Bietet man ihm statt dessen Eisenfeilspäne, so kann man mit einem Magneten das »Oben« für den Krebs bestimmen.

Gleichgewichtssinn: Utriculus und Sacculus im Säugerohr
Säugetiere besitzen zwei statische Sinne, die im Ohr liegen: Utriculus und Sacculus. Sie enthalten Schweresinnesfelder mit Statolithen (Abbildung 17). Die Sinneshaare (3) von Sinneszellen (2) sind in einer dicken Cuticula (1) verankert und tragen eine gallertige Masse (4, **Cupula**). Auf der Cupula liegen kleine Statholiten (5, Schweresteinchen) aus Kalkkristallen. Das Sinnesfeld des Utriculus (Macula utriculi) liegt fast waagerecht, das des Sacculus (Macula sacculi) steht senkrecht dazu. Beide reagieren auf geradlinige Beschleunigungen. Bei Neigung des Kopfes wird die Cupula verformt. Der Verformungsgrad wird von den Sinneszellen »gemessen« und an das Zentralnervensystem geleitet. Dort lösen die Erregungen Stellreflexe zur Normalhaltung des Kopfes und des Körpers aus.

3.4 Strömungssinn (Drehsinn)

Bei diesem Sinnesorgan sitzt auf Haarsinneszellen ein Gallertsegel (Cupula), das durch Flüssigkeitsströmung aus der Ruhelage abgelenkt wird.

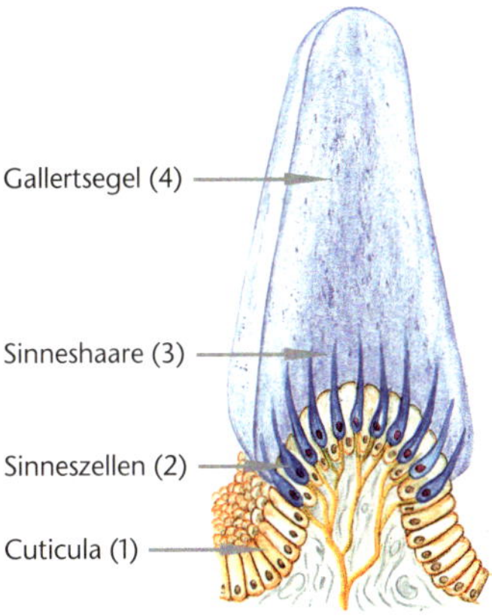

Abbildung 18: Strömungssinn

Seitenlinienorgan bei Fischen und Amphibienlarven
An beiden Körperseiten besitzen Fische und Amphibienlarven ein schlauchförmiges Seitenlinienorgan unter der Haut. Es steht über Einströmöffnungen mit dem Umgebungswasser in Verbindung. Diese Öffnungen liegen vorwiegend am Kopf und am Schwanzende. Feinste Änderungen in der Strömung des Wassers verschieben die Wassersäule im Seitenlinienorgan und verbiegen die Gallertsegel und damit die feinen Sinneshaare.

Bogengänge im Wirbeltierohr (Drehsinn)
Dieses Sinnesorgan reagiert auf Drehbeschleunigung und steuert unter

anderem die Augenbewegungen (Nystagmus), Korrektur der Körperlage und den Drehschwindel. Im Ohr der Wirbeltiere liegen die Bogengänge (Ductus semicircularis), drei mit Flüssigkeit (Endolymphe) gefüllte ringförmige Schläuche, die in drei Ebenen senkrecht aufeinander stehen. (Als Vorstellungshilfe sollten Sie daran denken, dass ein Raum durch die Angaben Länge, Breite und Höhe bestimmt werden kann.) Jeder Schlauch trägt eine kleine Erweiterung (Ampulle, Crista ampullaris), in der eine Gruppe von Haarsinneszellen liegt (Abbildung 18). Auf ihnen sitzt ein langes Gallertsegel (4) auf. Bei Bewegungen bleibt die Flüssigkeit im Bogengang stehen, während sich der Bogengang selbst bewegt. Wird beispielsweise der Kopf nach links bewegt, so bleibt die Endolymphe in den waagerecht liegenden Bogengängen zunächst noch in Ruhe. Es entsteht eine relative Bewegung zwischen Bogengängen und Endolymphe in entgegengesetzter Richtung. Dadurch werden die Gallertsegel nach rechts abgelenkt. Bogengänge, Utriculus und Sacculus entspringen hinter dem ovalen Fenster des Innenohres dem dort gelegenen Vorhof (Vestibulum) und bilden gemeinsam das Gleichgewichtsorgan.

3.5 Gehörsinn – Ohr

Dieser Fernsinn nimmt feinste regelmäßige Luftschwingungen (Longitudinalwellen) in bestimmten Frequenzbereichen wahr. Er dient vor allem der Verständigung zwischen Artgenossen (Kommunikation), aber auch der Warnung vor Gefahr und manchmal der Nahrungssuche. Meist hören nur die Tiere, die selbst auch Laute erzeugen. Deshalb findet man nicht einmal bei allen Wirbeltieren Gehörorgane, nur wenige Fische hören (Schwimmblase als Resonanzkörper), Schlangen überhaupt nicht! Die Tiere nehmen jeweils nur die Frequenzbereiche wahr, die für sie wichtig sind. Nachtfalter hören z.B. die Ortungssignale der Fledermäuse mit 100–175 kHz.
Das Hörorgan dient auch beim Menschen der Orientierung im Raum. Seitlich, z. B. von links, eintreffender Schall kommt zuerst am linken Ohr an. Verzögert trifft er am rechten Ohr ein (max. 0,6 ms). An diesem Laufzeitunterschied (und den Unterschieden im Frequenzband, verursacht durch Abschattungen an Ohrmuschel, Haaren und Kopf) kann das Gehirn die Richtung des eintreffenden Schalls ermitteln.

3.5.1 Das Ohr des Menschen

Das Ohr des Menschen lässt sich in drei Abschnitte gliedern: das äußere

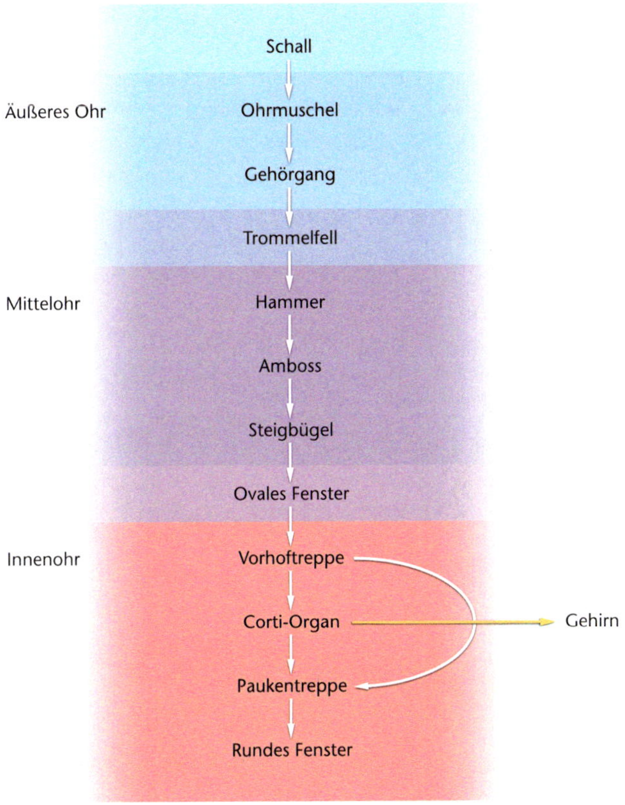

Abbildung 19: Schallleitung im menschlichen Ohr (schematisch)

Ohr, das Mittelohr und das Innenohr.
Zum äußeren Ohr gehören die Ohrmuschel und der Gehörgang. Das Mittelohr ist durch das Trommelfell nach außen hin abgeschlossen. Hier liegen die Gehörknöchelchen Hammer, Amboss und Steigbügel. Ovales und rundes Fenster bilden den Übergang zum Innenohr. Im Innenohr liegen Hör-, Schwere- und Gleichgewichtssinn.

3.5.1.1 Äußeres Ohr (Abbildung 20)

Ohrmuschel (Auricula)
Die Ohrmuschel dient bei vielen Tieren als Schalltrichter, der in die Richtung wichtiger Schallquellen gedreht werden kann. Sie verstärkt die Schallintensität, indem der Schall, der auf eine große Fläche (Ohrmu-

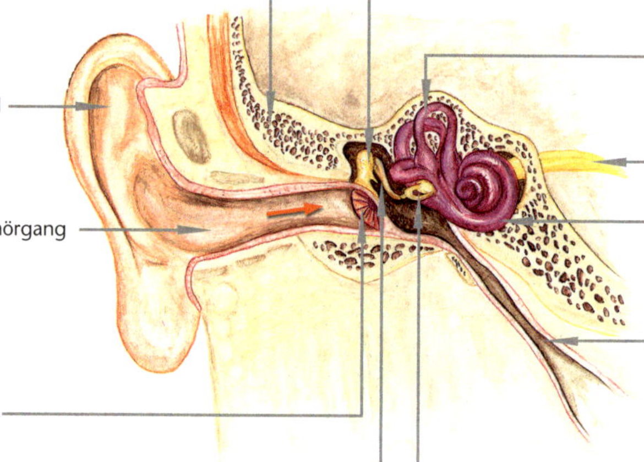

Abbildung 20: Schnitt durch das Ohr des Menschen

schel) fällt, auf einen kleinen Querschnitt (Gehörgang) konzentriert wird. Beim Menschen schattet sie den Schall, der aus unterschiedlichen Richtungen kommt, verschieden ab und erleichtert so das Richtungshören.

Gehörgang (Meatus acusticus externus)
Der Gehörgang verstärkt den Schall 2fach durch Resonanz und leitet ihn zum eigentlichen Gehörorgan weiter. Haare im Gehörgang sollen als Reuse das Eindringen von Insekten verhindern, Ohrenschmalz (Cerumen) schützt als Klebfalle gegen kleine Parasiten oder Bakterien.

Trommelfell (Membrana tympani)
Zwischen äußerem Ohr und Mittelohr liegt das nur 80–120 µm dicke Trommelfell. Es besitzt eine Fläche von 55 mm^2. Ein Spannmuskel (Musculus tensor tympani) erlaubt eine gewisse Anpassung an die jeweilige Lautstärke. In der Mitte des Trommelfells greift der Stiel des Hammers (Gehörknöchelchen) an. Das Trommelfell ist ein Druckempfänger, überträgt also Luftdruckschwankungen.

3.5.1.2 Mittelohr – Paukenhöhle (Cavum tympani)

Breite: 2–5 mm, Höhe: 7–15 mm.
Das Mittelohr ist mit Luft gefüllt. Weil die Haut in der Paukenhöhle ständig Luft absorbiert, entsteht ein Unterdruck. Zu dessen Ausgleich und zum Ausgleich von Luftdruckschwankungen steht das Mittelohr über die

Ohrtrompete (Tuba auditiva, **Eustachi[14]-Röhre**) mit dem oberen Rachenraum in Verbindung. Durch Schlucken oder Schnauben können solche Druckunterschiede oder auch solche, die beim Tauchen oder Fliegen entstehen, ausgeglichen werden. Die Ohrtrompete ist mit einem Flimmerepithel ausgekleidet, das normalerweise eingedrungene Bakterien vom Mittelohr zum Rachenraum transportiert. Beim Schnauben kommen manchmal trotzdem Bakterien ins Mittelohr. Dort können sie Mittelohrentzündungen verursachen.

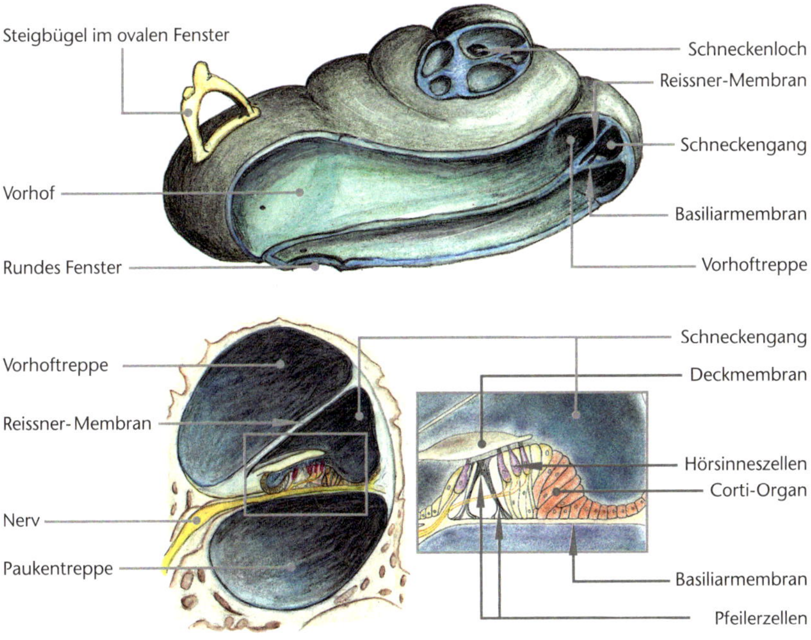

Abbildung 21: Labyrinth und Hörorgan

Gehörknöchelchen (Ossicula auditus)

Die Gehörknöchelchen – **Hammer** (Malleus), **Amboss** (Incus), **Steigbügel** (Stapes) – übertragen Schall vom Trommelfell auf das **ovale Fenster.** Durch Hebelwirkung erfolgt dabei eine 2–3fache Schalldruckverstärkung. Zwischen den Knöchelchen liegt ein Muskel (Musculus stapidus). Er dämpft zu lauten Schall. Der Steigbügel sitzt auf dem ovalen Fenster

[14]Eustachio, Bartolomeo (1520–1574), päpstlicher Leibarzt und Anatom, Rom

(Fenestra vestibuli, Fläche 3,2 mm^2) auf und überträgt den Schall auf die Flüssigkeitssäule des Innenohrs. Da das ovale Fenster 20- bis 30-mal kleiner ist als das Trommelfell, erfolgt eine Schalldruckverstärkung um das 20- bis 30 fache.

3.5.1.3 Innenohr (Labyrinth, Abbildung 21)

Im Innenohr liegt ein **Labyrinth** häutiger Kanäle und Bläschen (häutiges Labyrinth). Es enthält die **Schnecke** (Cochlea) mit dem eigentlichen Hörorgan (**Corti**[15]**-Organ**, Organum spirale), die Bogengänge und den Schweresinn und liegt in Hohlräumen **(knöchernes Labyrinth)** des sehr harten Felsenbeins.

Hörorgan (Abbildung 21)
Durch das ovale Fenster tritt der Schall in die Schnecke ein. Weil Flüssigkeiten (fast) nicht komprimierbar sind, muss die Flüssigkeitssäule den Bewegungen der Schallwellen ausweichen können. Deshalb befindet sich am Ende der Schnecke das **runde Fenster** (Fenestra cochleae).
Die Schnecke macht beim Menschen 2½ Windungen. Sie besteht aus drei Gängen. Der obere heißt **Vorhoftreppe** (Scala vestibuli), der mittlere **Schneckengang** (Ductus cochlearis) und der untere **Paukentreppe** (Scala tympani). Vorhoftreppe und Paukentreppe sind in der Schneckenspitze durch das Schneckenloch miteinander verbunden, mit Perilymphe gefüllt (dünnflüssig, entspricht Liquor) und voneinander durch eine feine Knochenlamelle (Lamina spiralis ossea) nicht nur räumlich, sondern auch akustisch getrennt. Nach außen hin liegt zwischen beiden der Schneckengang mit dem Corti-Organ. Er ist mit der etwas dickflüssigeren Endolymphe gefüllt und wird durch die **Reissner**[16]**-Membran** von der Vorhoftreppe getrennt.
Das **Corti-Organ** enthält die Hörzellen. Es sind Haarsinneszellen ähnlich wie die in Abbildung 18, die auf der Cilienseite wie eine Cuticula verdickt sind. In dieser festen Schicht sind drei Reihen Cilien hoch beweglich eingelenkt. Die Hörzellen sitzen – von Stützzellen umgeben – auf einer elastischen **Basalmembran** (Basiliarmembran, Lamina basilaris, ca. 33 mm lang), die an die Paukentreppe grenzt. Auf der Knochenlamelle befindet sich eine ziemlich dicke gallertige Deckplatte (**Deckmembran**, Lamina tectoria).

---

[15]Corti, Marchese Alfonso de (1822–1876), italienischer Anatom

[16]Reissner, Ernst (1824–1878), deutscher Anatom

Diese Deckplatte liegt auf den Zellen der Hörzellen auf. (Ob und wie beide miteinander verbunden sind, ist unbekannt.)
Die Schallwellen treten durch das ovale Fenster in die obere Vorhoftreppe ein, laufen in der Perilymphe durch die Schneckenspitze in die Paukentreppe und treten durch das runde Fenster wieder aus. Unterwegs wird die Basiliarmembran des Corti-Organs im Schneckengang durch Resonanz zum Mitschwingen angeregt (tiefe Töne: Schneckenspitze, hohe Töne: Schneckenanfang). Die auf der Basiliarmembran sitzenden 16 000–20 000 Hörzellen verbiegen bei Resonanz ihre Sinneshärchen an der Deckplatte aus Gallert. Die entstehenden Aktionspotenziale werden ans Gehirn geleitet und dort als Ton empfunden.

Gleichgewichtsorgan
Weil das Gleichgewichtsorgan bereits vorgestellt wurde (Seite 49), folgen hier im Zusammenhang mit dem Ohr nur einige Stichworte.
Direkt hinter dem ovalen Fenster zweigen im **Vorhof** (Vestibulum) Hörorgan und Gleichgewichtsorgan ab. Das Gleichgewichtsorgan besteht aus den **Bogengängen** (Ductus semicirculares) mit den Ampullen (Cristae ampullares, Seite 49), also dem Strömungssinn und dem Schweresinn, der in den **Utriculus und Sacculus** (Seite 49) genannten Aussackungen lokalisiert ist.

3.5.2 Dehnungsrezeptoren (Muskelspindeln)
Dehnungsrezeptoren (Propriorezeptoren) liegen in Muskeln, Sehnen und Gelenken. Sie geben dem Gehirn jeden Augenblick Auskunft über die Körperhaltung. (Siehe Seite 97)

3.6 Lichtsinn (Rezeptoren für elektromagnetische Wellen, Fotorezeptoren)

Die für den Lichtsinn spezifischen Rezeptoren vermögen auf elektromagnetische Wellen bestimmter Wellenlänge (d. h. Lichtfarbe) zu reagieren. Bienen sehen von Gelb bis Ultraviolett (sie sind rotblind!), Grubenottern nehmen infrarotes Licht (IR, Wärme) wahr, der Mensch sieht von Rot bis Violett (entspricht einem Lichtwellenbereich von 390–760 nm).
Bei Hohltieren, Muscheln, Würmern und Insektenlarven kommen lichtempfindliche Hautzellen vor. Spezifische Fotorezeptoren (stets primäre Sinneszellen) gibt es erst bei höheren Tieren.

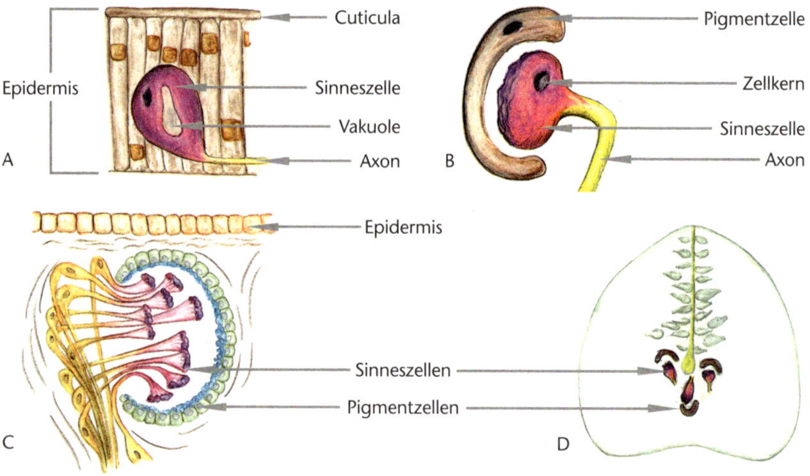

Abbildung 22: A) Sehzelle in der Epidermis des Regenwurms; B) Pigmentbecherzelle Typ I; C) Pigmentbecherzelle Typ II; D) Sehzellen im Neuralrohr des Lanzettfischchens (Nach E. Hadorn, R. Wehner, 1986)

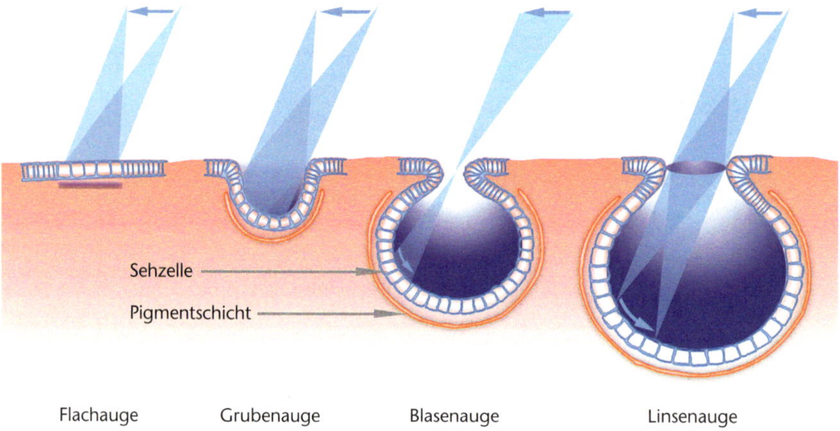

Abbildung 23: Entwicklung des Bildsehens am Beispiel everser Augen. Pfeile oben: Gegenstand; Pfeile unten: Bild auf der Netzhaut

Licht enthält Informationen über die Umwelt, z. B. sich nahende Feinde, Nahrung und vieles andere mehr. Tiere, die diese Informationen wahrnehmen konnten, überlebten besser.
Bauprinzip: Fotorezeptoren sind zu Lichtsinnesorganen (Augen) vereinigt. Hilfseinrichtungen erhöhen die Leistungsfähigkeit:

- Pigmentzellen schirmen gegen Seitenlicht ab
- lichtbrechende Systeme ermöglichen Bildsehen
- Spiegelschichten erhöhen Lichtausbeute
- Irisblenden gestatten Anpassung an Helligkeit
- Neuronenschaltungen erhöhen Kontrast oder Lichtempfindlichkeit

3.6.1 Entwicklungsstufen des Sehens

Die Evolution der Lichtsinnesorgane vollzog sich in Stufen:

- **Helligkeitssehen**
- Entwicklung von Abschirmungen für Richtungssehen
- **Bewegungssehen**
- **Bildsehen**
- Verfeinerung des Rasters (die Anzahl der Sehzellen)
- **Farbensehen**
- Verbesserung der zentralnervösen Erregungsverarbeitung

Prinzipiell gibt es zwei Entwicklungsrichtungen, die zu leistungsfähigen Augen führten:

- **Everse Augen:** Die Lichtsinneszellen wenden ihre lichtempfindliche Seite dem Licht zu (Vorkommen bei niederen Tieren, z. B. Weichtiere, also Muscheln, Schnecken und Tintenfische).
- **Inverse Augen:** Die lichtempfindliche Seite der Sinneszellen ist vom Licht abgewandt (Vorkommen: Strudelwürmer, alle Wirbeltiere, also auch beim Menschen).

Aufgabe: Betrachten Sie die Abbildungen verschiedener Augentypen (Abbildung 23) und entscheiden Sie, welche Leistung das Auge jeweils erbringt: Wahrnehmung von Lichtrichtung? Wahrnehmung von Bewegung? Formwahrnehmung?
Die Erklärung folgt im weiteren Text ohne besonderen Hinweis.

Zunächst entwickeln sich in der Haut z. B. von Würmern einzelne lichtempfindliche Zellen (Abbildung 22 A). Sie wurden vom eigenen Körper beschattet und gestatteten es so, sehr grob die Richtung wahrzunehmen, aus der das Licht kommt. Im Verlaufe der Evolution wurde diese Abschattung durch zusätzliche Farbstoffzellen (Pigmentzellen) verbessert, die das Licht nur aus einer Richtung auf die Sehzelle gelangen ließen (Abbildung 22 B). Die weitere Entwicklung ist bei eversen Augen am besten zu verfolgen: Die Konzentration vieler Sehzellen zu Flachaugen brachte den Vorteil einer höheren Lichtempfindlichkeit (Quallen). Durch Einsenkung wurden Flachaugen zu **Grubenaugen.** Jetzt konnte neben der Lichtrichtung auch eine Bewegung (Schatten) erkannt werden. Füllten sich die Gruben des Grubenauges mit lichtbrechendem Schleim, so wurde das Licht auf einzelne Sehzellen konzentriert und die Lichtempfindlichkeit gesteigert. Je weiter sich die vordere Öffnung schloss, umso besser wurde die Wahrnehmung von Bewegungen und brachte sogar ein sehr einfaches Bildsehen (**Blasenauge** der Seeohrschnecke, Abbildung 23). Dafür nahm die einfallende Lichtmenge ab. Eine Vergrößerung des Auges und mehr Sehzellen kompensierten diesen Nachteil etwas (**Lochkameraauge** des Tintenfisches Nautilus). Erst als das Sekret verhärtete und zur lichtsammelnden Linse wurde, waren die Augen hochleistungsfähig und konnten Bewegung und Bilder sehen (**Linsenauge** höherer Tintenfische, Abbildung 23). Tintenfische können mit ihren Augen zusätzlich die Schwingungsrichtung polarisierten Lichtes wahrnehmen.

Ähnlich verlief die Entwicklung der **inversen Augen**, doch sind nicht mehr alle Zwischenstufen der Entwicklung erhalten. Ein einfaches inverses Auge besitzen die Strudelwürmer (Planarien): In einen Becher aus Pigmentzellen ragen die lichtempfindlichen Enden (Rhabdome) vieler Sehzellen (Abbildung 22 C). Alle Wirbeltiere besitzen **Linsenaugen**. Sie sind an die jeweiligen Lebensbedingungen gut angepasst: Besonders lichtempfindliche Augen sind groß, haben weite Pupillen und besitzen eine große bis kugelförmige Linse. Je mehr Sehzellen für die Auflösung des Bildes in Bildpunkte zur Verfügung stehen, umso kleinere Einzelheiten können wahrgenommen werden (das Raster ist feiner). Die Qualität der Säugeraugen ist so hoch, dass auch die größten Säuger (Elefanten, Wale) mit normal großen Augen auskommen.
Eine weitere Qualität des Sehens wird durch die Farbwahrnehmung erschlossen. Doch längst nicht alle Wirbeltiere können Farben sehen (Rinder z. B. nicht!). Zusätzliche Verbesserungen brachte eine verfeinerte nervöse Auswertung, z. B. durch die laterale Hemmung (Seite 72).

Bei Muscheln, Krebsen und Insekten haben sich die eversen **Facettenaugen** (Komplexaugen, Abbildung 24) entwickelt. Sie bestehen aus vielen kegelförmigen und sehr schlanken Einzelaugen **(Ommatidien).** Das Bild wird mindestens in so viele Einzelpunkte zerlegt, wie das Auge Ommatidien besitzt. Jedes Ommatidium enthält eine **Linse** (Cornea, aus Chitin) und einen vierzelligen **Kristallkegel**, darunter liegen acht Sehzellen **(Retinula).** Die Retinulazellen sind sternförmig angeordnet. Ihre lichtempfindliche Seite ist dem Zentrum des Ommatidiums zugewandt und trägt einen sehr feinen Bürstensaum (Mikrovilli). Alle Bürstensäume zusammen nennt man **Rhabdom.** Die Mikrovilli enthalten den Sehfarbstoff und bilden außerdem ein Sperrgitter für polarisiertes[17] Licht. Dadurch können Insekten die Polarisationsrichtung des Lichtes feststellen. Das Himmelslicht enthält auch bei bedecktem Himmel etwa 45 Grad seitlich zur Sonne vermehrt polarisiertes Licht. Insekten können so die Stellung der Sonne ermitteln. Insektenaugen (z. B. Bienen) haben eine Verschmelzungsfrequenz von bis zu 300 Hertz. Das bedeutet, sie können bis zu 300 kurze Lichtblitze in einer Sekunde unterscheiden (zeitliches Auflösungsvermögen). Unser Fernsehbild mit 50 Bildern je Sekunde wäre für Insekten ein Diavortrag!

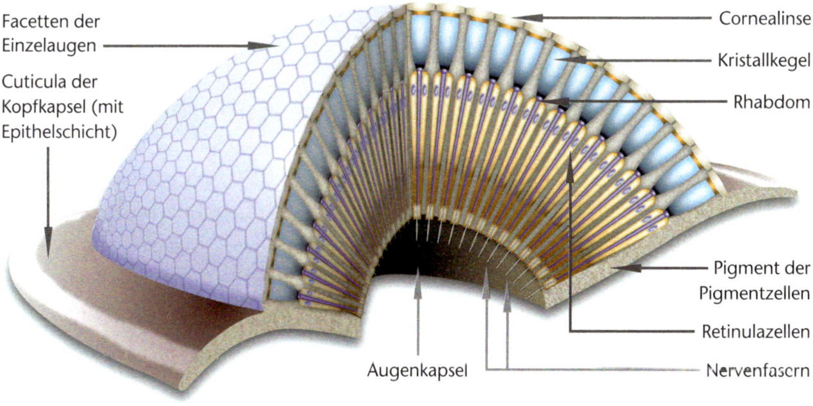

Abbildung 24: Facettenauge, hier ein Appositionsauge

[17]Polarisiertes Licht schwingt nur in einer Richtung. Das normale Tageslicht schwingt in allen möglichen Richtungen, ist also unpolarisiert. Sehr feine Gitter filtern aus unpolarisiertem Licht Schwingungen nur einer Schwingungsebene heraus. Die Mikrovilli der Rhabdome bilden so ein feines Gitter.

Bei Komplexaugen unterscheidet man Appositionsaugen und Superpositionsaugen. In **Appositionsaugen** sind die Ommatidien gegeneinander optisch völlig isoliert und deshalb recht lichtschwach. Man findet sie nur bei Tagtieren.

In **Superpositionsaugen** sind die Ommatidien nur tagsüber durch Pigment gegeneinander isoliert, bei Dunkelheit wandert das Pigment, so dass das Licht auch auf benachbarte Zellen fallen kann: Nachttiere.

3.6.2 Bau des menschlichen Auges

Zum Auge gehören:

- Augapfel (Bulbus oculi)
- 6 Bewegungsmuskeln
- Bindehaut
- Sehnerv (Nervus opticus)
- Lider
- Tränenapparat

3.6.2.1 Augapfel (Bulbus oculi, Abbildung 25)

3.6.2.1.1 Häute

a) **Äußere Augenhaut** (Tunica fibrosa)

Sie bildet die derbe widerstandsfähige Hülle des Auges.

Hornhaut (Cornea)

Die glasklare Hornhaut ist wie ein Uhrglas vorgewölbt. Sie enthält etwa 75 % Wasser und besitzt ein hohes Regenerationsvermögen. Blutgefäße fehlen, sie wird nur durch Diffusion von der Tränenflüssigkeit und dem Kammerwasser ernährt.

Die Brechkraft der Hornhaut beträgt 43 Dioptrien[18].

Lederhaut (Sclera)

Die weiße, sehr feste Lederhaut ist undurchsichtig und wird von der Bindehaut überzogen. Ihre Ernährung erfolgt von der Bindehaut und der Aderhaut aus.

b) **Mittlere Augenhaut** (Uvea), liegt zwischen Leder- und Netzhaut

c) **Aderhaut** (Chorioidea)

---

[18]Eine Dioptrie (1 D) ist die Brechkraft einer Linse mit einer Brennweite von einem Meter. Eine Linse mit 43 Dioptrien besitzt also eine Brennweite von 1/43 m = 23 mm. Der Augapfel besitzt einen Durchmesser von durchschnittlich 24 mm.

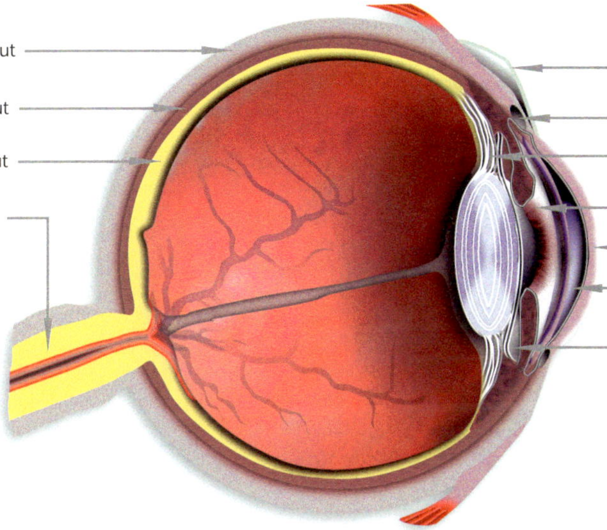

Abbildung 25: Vorderer Abschnitt eines Säugerauges

Fast alle wichtigen Gefäße im Auge verlaufen in der schwammartigen Aderhaut. Sie ernährt das Auge.

Strahlenkörper – Ciliarkörper (Corpus ciliare)

An diesem Ringmuskel ist die Linse über feine Fasern **(Zonulafasern)** aufgehängt. Er dient dem Scharfstellen des Bildes **(Akkommodation)** auf der Netzhaut des Auges. Im entspannten Zustand zieht er die Linse flach (Einstellung auf die Ferne), spannt er sich, kann sich die Linse durch eigene Elastizität stärker wölben (Naheinstellung). Der Ciliarkörper produziert das Kammerwasser.

Regenbogenhaut (Iris)

Vorn im Auge ist die farbige Regenbogenhaut gut zu sehen. Ihre Öffnung erscheint gegen den dunklen Hintergrund als schwarze Pupille. Sie reguliert den Lichteinfall und hat die gleiche Aufgabe wie die Blende an einem Fotoapparat. Bei eng gestellter Pupille sieht man schärfer (Tiefenschärfe). Radiärmuskeln erweitern die Pupille, ein Ringmuskel verengt sie. Zur Abschirmung gegen Licht, das durch die Regenbogenhaut fällt, ist diese innen pigmentiert. Helligkeit: Engstellung der Pupille (Myosis). Dämmerung: Weitstellung (Mydriasis).

d) **Innere Augenhaut**
Pigmenthülle (Stratum pigmenti)
Die Pigmenthülle zwischen Aderhaut und Netzhaut bildet einen Lichtschutz gegen Lichteinfall durch die weiße Lederhaut. Bei niederen Wirbeltieren besitzt das Pigmentepithel einen Mikrovilli-Saum (feine fingerförmige Ausstülpungen der Zellmembran). Die Sehzellen liegen zwischen den Mikrovilli. Das Pigment wandert in die Mikrovilli und schirmt bei Helligkeit die Sehzellen gegen Blendung ab, bei Dunkelheit zieht es sich in die Pigmentzellen zurück.

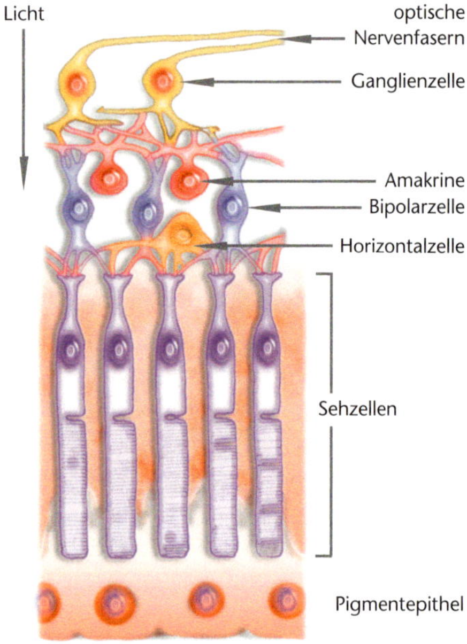

Abbildung 26: Schematisierter Schnitt durch die Netzhaut

Netzhaut (Retina, Abbildung 26)
Dies ist die lichtempfindliche Schicht des Auges. Sie ist dünn und durchsichtig wie eine Klarsichtfolie und besitzt einen hohen Sauerstoffbedarf. Die Netzhaut entsteht während der Embryonalentwicklung aus einer Ausstülpung des Gehirns, enthält deshalb Sinneszellen, Nervenzellen und Nervenfasern. Auf einem Quadratmillimeter menschlicher Netzhaut liegen etwa 400 000 Sehzellen, in der gesamten Netzhaut 125 Millionen. Die Netzhaut besteht aus mehreren Schichten. Direkt auf dem Pigmentepithel liegt die 1. Schicht mit den Sehzellen (Zapfen und Stäbchen im Verhältnis 1:18). Mehrere Sehzellen leiten ihre Erregung jeweils auf eine bipolare Schaltzelle der 2. Schicht. Mehrere Bipolare übertragen die Erregung auf eine große Ganglienzelle in der 3. Schicht, deren Axone bilden schließlich den Sehnerv. In der 2. Schicht liegen außerdem Zellen, die Sehzellen quer verbinden (Horizontalzellen), und solche, die Querverbindungen zwischen Ganglienzellen herstellen (amakrine Zellen). Hier erfolgt die Verschaltung der lateralen Hemmung (= neuronale Verschärfung = laterale Inhibition, siehe Seite 72).

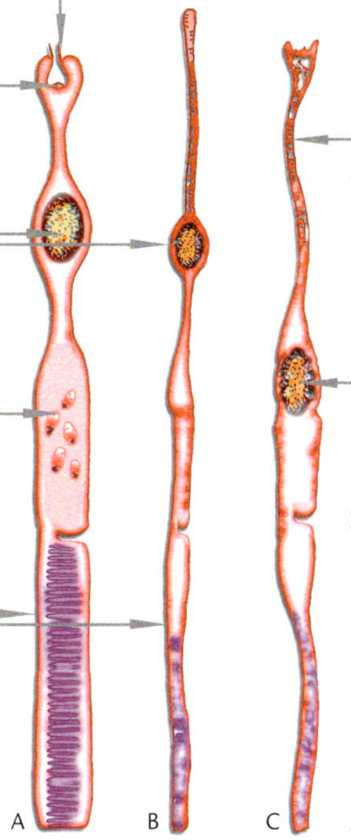

Abbildung 27: Sehzellen

Zapfen (Rezeptoren des Farbsehens, Abbildung 27 C)
Die Netzhaut enthält 6,5 Millionen Zapfen. Sie liegen im Bereich des schärfsten Sehens (Sehgrube, Fovea centralis) am dichtesten (147 000/ mm^2).
Sehfarbstoff ist Jodopsin, bei Fischen Cyanopsin.

Stäbchen (Rezeptoren des Hell-Dunkel-Sehens)
120 Mill. Stäbchen liegen in der Netzhaut. Sie sind 1000-mal lichtempfindlicher als die Zapfen, können aber nur Hell–Dunkel unterscheiden (ähnlich einem Schwarz-Weiß-Fernseher). Sehfarbstoff ist Rhodopsin, bei Fischen Porphyropsin.
Bei manchen Wirbeltieren liegen die Zapfen tagsüber frei und die Stäbchen sind in die Pigmentschicht abgesenkt. Bei Dunkelheit tauchen sie in die Pigmentschicht ab und die Stäbchen werden herausgezogen.

Gelber Fleck (Macula lutea)
In diesem Bereich des schärfsten Sehens mit einer Fläche von etwa 5 mm^2 gibt es nur Zapfen (Farbe). In der Mitte des gelben Flecks liegt eine kleine Vertiefung, die Sehgrube (Fovea centralis). Hier kommt auf jeden Zapfen eine bipolare Nervenzelle. Die II. Neuronschicht (Stratum ganglionare) fehlt (daher die Vertiefung!). Ein gelber Farbstoff (Xantophyll) schützt die Zapfen vor Blendung.

Blinder Fleck (Mariotte-[19] Fleck, Papille)
Hier verlässt der Sehnerv das Auge, Blutgefäße treten ein. Diese Stelle der Netzhaut ist völlig blind.

3.6.2.1.2 Sehnerv (Nervus opticus, Fasciculus opticus)
II. Hirnnerv, 800 000 Nervenfasern bilden den Sehnerv, der von den Hirnhäuten umgeben ist (während der Embryonalentwicklung entsteht er als Ausstülpung des Gehirns!).

3.6.2.1.3 Linse (Abbildung 25)
Die Augenlinse ist mit Zonulafasern am Ciliarkörper, einem Bindegewebsring, aufgehängt. In Ruhe ist der ringförmige Ciliarmuskel im Ciliarkörper entspannt. Die Zonulafasern ziehen die Linse flach und das Auge ist auf die Ferne akkommodiert. Zur Naheinstellung kontrahiert sich der Ciliarmuskel. Dadurch krümmt sich die Linse dank ihrer eigenen Elastizität stärker und stellt auf die Nähe scharf. Die Linse variiert so ihre Brechkraft zwischen 15 und 27 Dioptrien (Einstellung auf die Ferne 15, Nahsehen 27 Dioptrien). Die Linse ist eine Bildung des äußeren Keimblattes des Embryos (Ektoderm[20]). Sie ist bikonvex gewölbt (auf beiden Seiten nach außen gewölbt). Ihre Ernährung besorgt das Kammerwasser durch Diffusion. Weil dies ein sehr langsamer Prozess ist, gelangen Nährstoffe nur schlecht in den Linsenkern und Stoffwechselprodukte verbleiben dort. Deshalb verhärtet der Kern der Linse im Alter, die Linse kann sich nicht mehr richtig krümmen (auf die Nähe einstellen), die Folge: Altersweitsichtigkeit (ab etwa 40 Jahren).

---

[19] Mariotte, Edme (1620–1648), französischer Physiker

[20] Ektoderm nennt man die äußere Zellschicht des Becherkeims (Gastrula). Aus ihm entstehen Oberhaut, Augenlinse, Zahnschmelz, Nervensystem und Sinneszellen, Nebennierenmark und die Auskleidung von Mundhöhle und Enddarm.

3.6.2.1.4 Kammern *(Abbildung 25)*

Hintere Augenkammer

Zwischen der Linse und der Hinterwand der Iris befindet sich die hintere Augenkammer. Der Ciliarkörper bildet hier das Kammerwasser, das der Versorgung von Linse und Hornhaut dient.

Vordere Augenkammer

Zwischen Hornhaut, Iris und Linse liegt die vordere Augenkammer. Im Winkel zwischen Hornhaut und Iris, dem Kammerwinkel, fließt das Kammerwasser durch einen kleinen ringförmigen Kanal **(Schlemm[21]-Kanal)** wieder ab.

Glaskörper (Corpus vitreum)

Der gesamte Innenraum wird durch den gallertigen, glasklaren Glaskörper ausgefüllt. Er schützt die Netzhaut vor Zug und Druck.

3.6.2.1.5 Bindehaut

Diese Schleimhaut überzieht die Lederhaut (also nicht die Hornhaut) und das Innere der Augenlider. Sie enthält Blutgefäße. Augenreizungen zeigen sich fast immer in einer Rötung der Bindehaut.

3.6.2.2 Augenmuskeln

Die kreuzförmig angeordneten 4 geraden Augenmuskeln (oberer, unterer, äußerer und innerer) und 2 schräge Augenmuskeln bewegen das Auge in der Augenhöhle. (Sie werden innerviert – also mit Nerven versorgt – vom III., IV. und VI. Hirnnerv.)

3.6.2.3 Lider (Palpebrae)

Die Lider schützen das Auge gegen Fremdkörper und Austrocknen. Sie verteilen durch den regelmäßigen Lidschlag die Tränenflüssigkeit.

3.6.2.4 Tränenapparat und Tränendrüsen

Schläfenwärts unter dem oberen Augenhöhlenrand liegt je eine Tränendrüse. In den Lidern befinden sich außerdem kleinere Tränendrüschen. Die Tränenflüssigkeit enthält das Enzym Lysozym, das die Zellwände von Bakterien auflöst und sie dadurch abtötet.

Im Augenwinkel auf der Nasenseite liegen die Tränenpünktchen. 90 % der Tränenflüssigkeit fließen über das untere Tränenpünktchen durch den

[21]Schlemm, Friedrich (1795–1858), deutscher Anatom

Tränennasenkanal (Ductus nasolacrimalis) zur Nase ab. Deshalb läuft die Nase beim Weinen.

3.6.3 Leistungen des Säugerauges

3.6.3.1 Akkommodation (Einstellen auf die Entfernung)

Bei Säugern ist in Ruhe der Ciliarmuskel entspannt und die Linse wird durch die Zonulafasern flach gezogen. Sie besitzt eine geringere Brechkraft und bildet ferne Gegenstände scharf ab. Für die Naheinstellung spannt sich der Ciliarmuskel, die Zonulafasern entspannen sich und die Linse kann sich wegen ihrer Eigenelastizität stärker krümmen, ihre Brechkraft wird größer.

3.6.3.2 Adaptation (Adaption, Anpassung an Helligkeit)

Physikalische Adaptation:

- **reflektorische Pupillenreaktion**
  Durch einen Reflex wird die Pupille bei Helligkeit verengt, bei Dunkelheit geweitet.
- **retinomotorische Erscheinung**
  Streckung der Zapfen
  Die Zapfen strecken sich bei Helligkeit und tauchen das Außensegment in einen braunen Farbstoff (Melanin) ein, werden also vor dem Licht geschützt.
- **Kontraktion der Stäbchen**
  Bei Dunkelheit verkürzen sich die Stäbchen und werden dadurch aus der »Verdunklung«, aus dem Melanin, gezogen.
- **Spiegelschichten bei vielen nachtaktiven Tieren**
  Hinter der Netzhaut liegt eine stark spiegelnde Schicht aus Guaninkristallen. Bei Tag ist die Schicht durch Pigment abgedunkelt. Nachts reflektiert sie das wenige Licht so, dass es ein zweites Mal die Sehzellen reizen kann. Die Lichtempfindlichkeit wird fast verdoppelt. Im Autolicht leuchten diese Augen stark (Fuchs, Katze).

Physiologische Adaptation:

- Die Lichtempfindlichkeit der Sehzellen kann durch den Gehalt an Sehfarbstoff um den Faktor 1000–100 000 verändert werden. Wenig Licht – viel Sehfarbstoff (= höhere Treffwahrscheinlichkeit), viel Licht – wenig Sehfarbstoff.
- Bei Dunkelheit werden viele Sehzellen parallel geschaltet, ihre Erre-

gung also auf ein Neuron konzentriert. Dadurch erhöht sich die Gesamtempfindlichkeit, es sinkt aber die Auflösung.

3.6.3.3 Farbensehen – Dreifarbentheorie nach Young-Helmholtz[22]

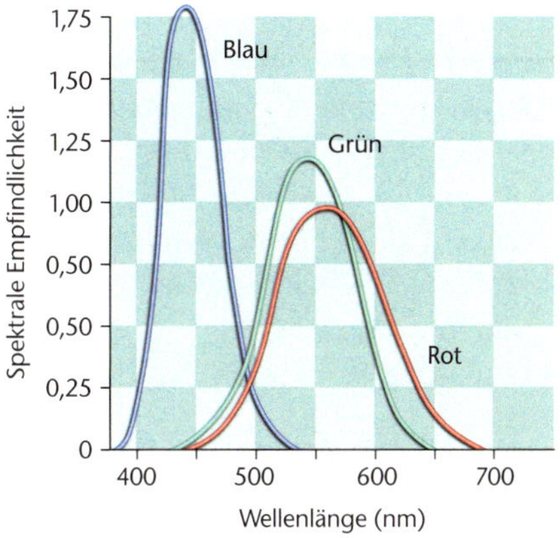

Abbildung 28: Farbensehen: Spektrale Empfindlichkeit der drei Zapfenarten

Für das Farbensehen sind die Zapfen der Netzhaut verantwortlich. Nur bei ausreichender Beleuchtung ist Farbensehen möglich.
Leitet man Aktionspotenziale einzelner Zapfen ab und beleuchtet diese Zapfen nacheinander mit Licht unterschiedlicher Farbe (Wellenlänge), so zeigt sich, dass es Zapfen mit einem Empfindlichkeitsmaximum für rotes Licht (ca. 560 nm) oder für grünes Licht (ca. 530 nm) oder für blaues Licht (ca. 420 nm) gibt. Durch gleichzeitige Reizung von Zapfen für die einzelnen Farben Rot, Blau und Grün ist das Sehen aller Farben möglich. Das Farbfernsehen baut auf dieser Theorie auf. Betrachten Sie mit einer Lupe die verschiedenen Farbfelder des Fernsehtestbildes.

3.6.3.4 Raumsehen (räumliches Sehen)

Der Abstand beider Augen beträgt etwa 60–70 mm. Wir sehen also die Gegenstände aus zwei unterschiedlichen Richtungen.

Beim räumlichen Sehen vergleicht das Gehirn die Netzhautbilder beider Augen. Je geringer der Unterschied, desto weiter ist der Gegenstand entfernt.
Wie erfolgt die Raumwahrnehmung?
Stellen Sie sich vor, Sie blickten genau auf die senkrechte Trennlinie einer links rot und rechts blau gestrichenen Wand. Gemäß der optischen Gesetze erscheint das Netzhautbild seitenverkehrt (und kopfstehend). Auf der linken Seite beider Augen wird die blaue Wand abgebildet, auf der

[22] Young, William Henry (1773–1829), britischer Naturwissenschaftler; Helmholtz, Hermann (1821–1894), deutscher Physiker und Physiologe

rechten die rote. Die Trennlinie geht genau durch die Fovea centralis, die Stelle des schärfsten Sehens.

Für einen direkten Vergleich der beiden Netzhautbilder benötigt das Gehirn deren Bildinformationen unmittelbar nebeneinander. Deshalb ziehen alle Meldungen »Rot« auf die rechte Gehirnseite, alle Meldungen »Blau« auf die linke. Nur die Nervenbahnen der zur Mitte hin liegenden Netzhauthälften kreuzen sich, die der äußeren verbleiben auf ihrer Seite. Die Sehnervenkreuzung (Chiasma opticum) liegt unterhalb des Zwischenhirns.
Die Abbildung verdeutlicht dies noch einmal. Verfolgen Sie die Nervenbahnen genau!

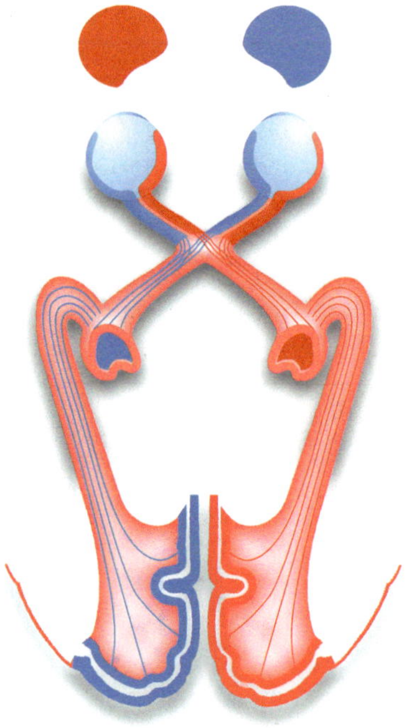

Abbildung 29: Räumliches Sehen

3.6.4 Bau der Sehzellen (hier: Stäbchenzellen, Stäbchen)
Bau und Funktion der Sehzellen sind am besten bei Stäbchen untersucht.

An Zapfen und Stäbchen lassen sich drei Bereiche unterscheiden (von außen nach innen):

- Außensegment (Außenglied) mit Membranstapeln, die Sehfarbstoff enthalten;
- Innensegment (Zellkörper) mit Zellkern und allen Organellen;
- Axon mit hemmenden Synapsen, die auf bipolaren Schaltzellen aufsitzen.

Bei den Zapfen ist das lichtempfindliche Außenglied viel kürzer (vielleicht ist das die Ursache für die geringere Lichtempfindlichkeit). Zwischen Außenglied und Zellkörper besteht nur eine sehr schmale Verbindung, in der eine geißelähnliche Struktur (Verbindungscilie) liegt. Im Außensegment liegen 1000–2000 flache Membranbeutel (Vesikel), die wie hohle

Pfannkuchen übereinander liegen, nicht untereinander und nicht mit der Zellmembran des Außensegmentes verbunden sind. Sie werden unmittelbar über die Verbindungsstelle zum Innensegment von der Zellmembran abgeschnürt und wandern langsam nach außen. Die äußersten Segmente werden abgestoßen und aufgelöst. Die Membranen der »Pfannkuchen« tragen den Sehfarbstoff (Sehpurpur, Rhodopsin, molare Masse 41000 g/mol) und lichtgesteuerte Calciumkanäle. Im Innern der Vesikel gibt es viele Calciumionen. Die Natrium-Kalium-Pumpe, die Natrium- und die Kaliumkanäle liegen in der Zellmembran des Außensegmentes.

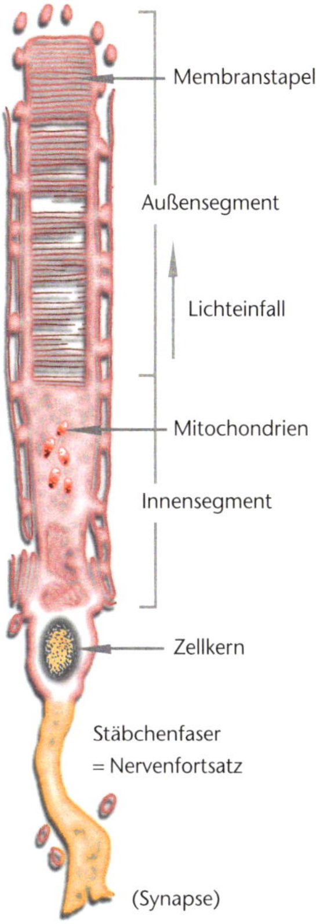

Abbildung 30: Stäbchensehzelle, nach elektronenmikroskopischen Aufnahmen

3.6.5 Der Sehvorgang

Fünf Photonen genügen für die Wahrnehmung eines Lichtblitzes, aber die Sehzellen reagieren bereits auf ein einziges Photon mit leichter Depolarisierung unterhalb des Schwellenwertes!

Prinzip des Sehvorgangs: Licht verändert den Sehpurpur (Rhodopsin) rasch. Dabei wird ein Nervenimpuls ausgelöst und der Sehpurpur zersetzt. Enzyme bauen ihn wieder auf. Grundbaustein des Sehfarbstoffes ist Vitamin A.

Die am Sehvorgang beteiligten Verbindungen sind:

- Opsin: Ein Protein in der Membran der Membranstapel. Rot-, grün- und blauempfindliche Zapfen enthalten unterschiedliche Opsin-Moleküle, das 11-cis-Retinal ist überall gleich. Durch Mutation kann der Bauplan (DNA) für eines der Opsin-Moleküle verändert werden. Folge: Farbenfehlsichtigkeit.
- Retinal: Ein Aldehyd des Vitamin A, daher die Endung -al. Die endständige Aldehydgruppe heißt –CHO.

- Retinol: Vitamin A_1, ein Alkohol, deshalb die Endung -ol. Die endständige Alkoholgruppe heißt $–CH_2OH$.
- 11-cis-Form: ab dem 11. Kohlenstoffatom abgeknickte C-Kette.
- All-trans-Form: Die Kohlenstoffkette besitzt keinen Knick.

Anmerkung: Im folgenden Text werden die auftretenden Enzyme mit Bindestrichen geschrieben. Das soll Ihnen helfen, sich die Stoffe leichter zu merken. Normalerweise werden einige dieser Wörter zusammengeschrieben.
In den Membranstapeln der Außensegmente von Sehzellen ist das Protein **Opsin** verankert. Daran ist **Retinal** gekoppelt (prosthetische Gruppe). Beide gemeinsam bilden den Sehpurpur **Rhodopsin** (Opsin-11-cis-Retinal). Der Retinalanteil liegt in einer abgeknickten Form (cis-Form) vor. Lichtquanten wandeln das abgeknickte **Opsin-11-cis-Retinal** über eine Reihe von Zwischenstufen in das gestreckte **Opsin-all-trans-Retinal** um (»all«, weil alle C-Atome eine gerade Kette bilden). Dabei entsteht auf bis-

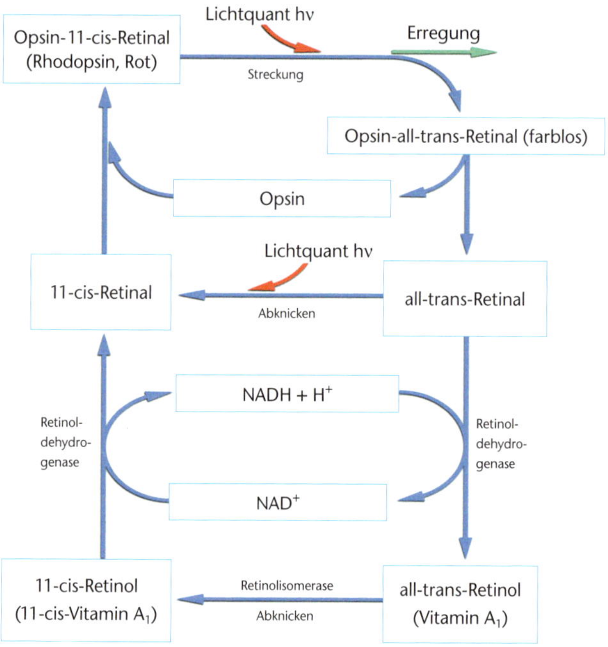

Abbildung 31: Der Sehvorgang

her nicht eindeutig geklärte Weise eine Nervenerregung. (Eine mögliche Erklärung finden Sie weiter unten!) Gleichzeitig wird das Retinal vom Opsin abgespalten. Das gestreckte Molekül **all-trans-Retinal** wird in einer Lichtreaktion und unter Mitwirkung des Enzyms **Retinal-Isomerase** zu **11-cis-Retinal** abgeknickt und wieder an Opsin gekoppelt. Bei Dunkelheit übernimmt das all-trans-Retinal unter Mitwirkung des Enzyms **Retinol-Dehydrogenase** (eine Alkohol-Dehydrogenase) von $NADH+H^+$ ($NADH_2^+$) 2 Wasserstoffatome und wird zu einem Alkohol, dem **all-trans-Retinol** (Vitamin A_1). Unter Katalyse durch das Enzym Retinol-Isomerase wird das all-trans-Retinol in das stereoisomere **11-cis-Retinol** (11-cis-Vitamin A_1) umgewandelt. Nun übernimmt NAD^+, katalysiert durch das Enzym **Retinol-Dehydrogenase**, 2 H-Atome aus der Alkoholgruppe, wodurch aus dem 11-cis-Retinol das Aldehyd **11-cis-Retinal** wird. 11-cis-Retinal verbindet sich mit Opsin zu **Opsin-11-cis-Retinal**, dem Rhodopsin. Der Kreislauf ist geschlossen.
Der Zerfall des Sehpurpurs dauert weniger als 1 Millisekunde, seine Regeneration etwa 30 Minuten.

Beachten Sie: Hier taucht an zwei Stellen dasselbe Enzym auf! Suchen Sie es! Überlegen Sie, weshalb dieses Enzym einmal in der einen Richtung die Reaktion fördert, an anderer Stelle aber in genau entgegengesetzter Richtung.

Hilfe: Enzymreaktionen sind Gleichgewichtsreaktionen! Sie folgen dem Massenwirkungsgesetz.

Lösung: Gleichgewichtsreaktionen können in beiden Richtungen laufen. Die Konzentration der Einzelsubstanzen entscheidet, in welcher Richtung die Reaktion abläuft. In diesem Fall spielt die Form – abgeknickt oder gestreckt – offenbar keine Rolle.

Potenzialableitungen an Sehzellen von Wirbeltieren brachten recht seltsame Ergebnisse: Das Ruhepotenzial eines Stäbchens liegt bei –20 mV. Belichtung verändert das Potenzial auf z. B. –60 mV. Die Membran wird hyperpolarisiert. Bei Dunkelheit ist die Membran für Natrium- und Kaliumionen etwa gleich gut durchlässig, die Natriumkanäle sind ständig geöffnet. Die Natrium-Kalium-Pumpe sorgt trotzdem für eine ungleiche Verteilung beider Ionenarten (für einen Konzentrationsgradienten). Licht schließt die Natriumkanäle. Dadurch baut sich ein Potenzial von etwa –60 bis –80 mV auf (dieser Vorgang entspricht dem Aufbau des Ruhe-

potenzials an einem Axon). Erlischt das Licht, öffnen die Natriumkanäle wieder und das Sehzellen-Ruhepotenzial von –20 mV stellt sich ein. Am Schließmechanismus der Natriumkanäle scheinen Calciumionen beteiligt zu sein. Sie werden offenbar durch die Formänderung des Rhodopsins aus den Membranstapeln freigesetzt und diffundieren zur Zellmembran des Außensegments. Hier schließen sie die Natriumkanäle.
Das ist auch die Erklärung für die extrem hohe Lichtempfindlichkeit des Auges: Ein Photon öffnet genau einen Calciumkanal. Viele Calciumionen strömen hindurch. Jedes Calciumion schließt einen Natriumkanal, viele Natriumionen werden an der Diffusion gehindert.
Die Synapsen der Sehzellen sitzen auf den Dendriten bipolarer Ganglienzellen auf. Bei Dunkelheit schütten die Synapsen ständig einen Transmitter aus, der in den Bipolaren die Produktion von Aktionspotenzialen hemmt! Bei Belichtung wird weniger Transmitter freigesetzt und die Bipolaren können Aktionspotenziale erzeugen.

3.6.6 Laterale Hemmung (laterale Inhibition)

Betrachtet man den Horizont, so scheint der Himmel mit einem helleren Streifen gegen die Erde, die Erde mit einem dunkleren Streifen gegen den Himmel zu grenzen. Tatsächlich existiert dieser kontrastreiche Streifen nicht. Er ist das Ergebnis von Verarbeitungsprozessen in der Netzhaut und eine optische Täuschung. Es sind Bahnungs- und Hemmungsvorgänge, die eine neuronale „Verschärfung" bewirken.
Zur Erinnerung: Wie ist die Netzhaut aufgebaut? Die Sehzellen leiten ihre Erregung zu den bipolaren Neuronen der 2. Schicht. Man kann sich vorstellen, dass jede Sehzelle ihre Erregung an die ihr zugeordnete Bipolare voll weitergibt, mit einem Bruchteil ihrer Erregung aber die benachbarten Bipolaren hemmt. Da dies alle Sehzellen tun, ist die in den Bipolaren entstehende Erregung das Ergebnis der Verrechnung aus den anregenden und den hemmenden Impulsen aus den Sehzellen. Auf der Zeichnung ist die laterale Hemmung (laterale Inhibition) vereinfacht dargestellt. Versuchen Sie die Rechnung zu verstehen. Die Zahlen sind willkürlich gewählt.

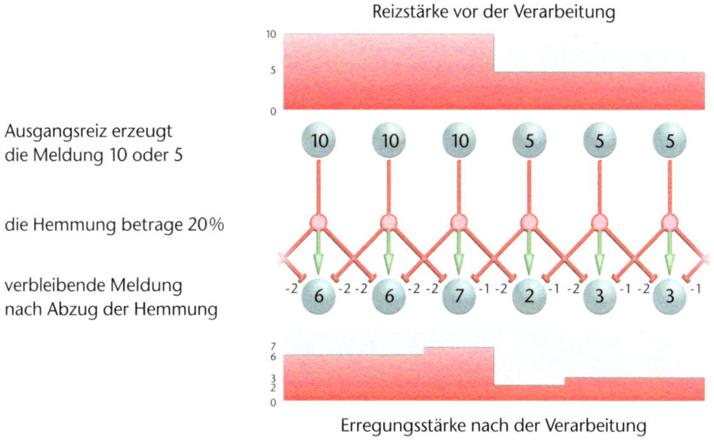

Abbildung 32: Prinzip der lateralen Hemmung

3.7 Aufgabenbeispiele

Aufgabe 1

Eine Versuchsperson sitzt mit verbundenen Augen auf einem Drehschemel, der völlig erschütterungsfrei gelagert ist und sich geräuschlos drehen lässt. Der Drehschemel wird so langsam in immer schnellere Drehung (beschleunigte Drehbewegung) versetzt, dass die Versuchsperson davon nichts bemerkt. Dann wird die Drehbewegung sehr rasch gestoppt. Die nun ruhende Person hat das Empfinden, sich zu drehen (Drehtäuschung).

a Skizzieren Sie das für diese Empfindung verantwortliche Sinnesorgan und beschriften Sie Ihre Skizze!

b Weshalb ist es möglich, den Schemel in Drehung zu versetzen, ohne dass es die Versuchsperson bemerkt?

c Wodurch wird die Täuschung nach dem Anhalten des Drehschemels hervorgerufen? In welcher Drehrichtung glaubt sich die Versuchsperson zu bewegen? (Begründung eventuell anhand der Skizze zu Punkt 1).

d Welche Sinnesorgane dienen dem aufrecht gehenden Zweibeiner Mensch zur räumlichen Orientierung? (4 Angaben)

Aufgabe 2

Weshalb ist die Verschmelzungsfrequenz bei Insekten gegenüber dem menschlichen Auge so hoch?

Aufgabe 3

Erklären Sie die Entstehung des grauen Stars (Linsentrübung) im hohen Alter!

Aufgabe 4

Besitzen alle Wirbeltiere Augenlider? Überlegen Sie die Aufgabe der Augenlider und machen Sie dann eine Aussage über Fische, Lurchlarven, ausgewachsene Lurche, Schlangen, Echsen, Vögel und Säuger. Es geht bei dieser Überlegung nicht um Spezialfälle, also z. B. um Meeresschildkröten, die sekundär wieder zum Wasserleben übergegangen sind. Begründen Sie Ihre Antwort!

Aufgabe 5

Wie wird beim Farbfernsehgerät die Farbe Gelb erzeugt? Die Frage könnte auch lauten: Wie sehen wir die Farbe Gelb?

Aufgabe 6

Betrachten Sie Ihren Daumen aus einem Abstand von etwa 30 cm rasch wechselnd einmal mit dem linken, dann wieder mit dem rechten Auge! Wie sieht das linke Auge im Vergleich zum rechten den Daumen in Bezug auf den Hintergrund? Gibt es Unterschiede, wenn der Daumen weiter entfernt ist?

3.8 Lösungsvorschläge

Aufgabe 1

Situation des Versuchs genau vorstellen. Ersetzen Sie für Ihre Überlegungen die Person durch eine Schüssel mit Wasser! Zum Versuch selbst sind hier keine Notizen notwendig. Zu den Teilaufgaben sollten Sie sich eine Skizze und Notizen machen. Nur wenn Sie sicher sind, dass Sie das Organ auf Anhieb richtig zeichnen, sollten Sie sofort ins Reine zeichnen. Sonst erst mit dünnen Bleistiftstrichen vorzeichnen, dann korrigieren und später erst nachziehen. Zur Beschriftung sollten Sie Striche – mit einem kleinen Punkt beginnend – nach außerhalb der Skizze ziehen und die Beschriftung ans Ende des Striches setzen.

Lösungsansatz: Legen Sie für sich eine Drehrichtung fest, z. B. nach links.

a Welches Organ? Drehsinn, Bogengänge.
Sie wissen nicht mehr genau, wie es funktioniert? Versuchen Sie, sich über die Funktion klar zu werden, dann fällt Ihnen hoffentlich der Bau ein.
Stichworte: Bogengang (ein Schlauchring), Gallertsegel ragt hinein und wird abgelenkt. In der Skizze müssen enthalten sein: Bogengang, Ampulle, Cupula, Haarsinneszellen, Endolymphe.

b Die Drehung wird langsam immer schneller. Warum Drehung nicht bemerkt? Wenn Drehung sehr langsam beginnt, dann folgt die Endolymphe der immer schnelleren Drehbewegung aufgrund der Reibung an der Wandung. Die Cupula wird aus ihrer Ruhelage nicht abgelenkt.

c Ursache der Drehtäuschung? Endolymphe fließt aufgrund ihrer Trägheit in den Bogengängen nach dem Stopp weiter und verbiegt Cupula.
Richtung der Drehtäuschung? Entgegen der tatsächlichen Drehbewegung.

d 4 Sinne zur räumlichen Orientierung?

- Schweresinn: Utriculus und Sacculus
- Drehsinn: Bogengänge
- optischer Sinn: Auge
- akustischer Sinn: Ohr mit Schnecke (räumliches Hören)

Aus den Stichworten einen flüssig geschriebenen Text formulieren.

Aufgabe 2

Das schnelle Fliegen erfordert rasches Erkennen! „Zeitlupeneffekt“

Aufgabe 3

Stichwort: Ver- und Entsorgung der Linse.

Anhäufung von Stoffwechselprodukten trüben die Linse.

Hinweis: Beim grünen Star (Glaukom) ist der Augeninnendruck erhöht, die Linse jedoch nicht getrübt. Bei weit gestellter Pupille schimmert das Innere des Auges grünlich. Der Innendruck kann so hoch werden, dass der Blutdruck für eine ausreichende Versorgung der Netzhaut nicht ausreicht und deren Zellen absterben. Erblindung ist die Folge.

Aufgabe 4

Manchmal werden solche Themen im Unterricht angesprochen. Um Ihnen die Antwort zu erleichtern, werden die tatsächlichen Verhältnisse aufgelistet, nicht aber begründet. Das sollten Sie selbst tun.
Fische besitzen kein Augenlid. Das Auge wird durch die Umgebung feucht gehalten. Lurchlarven haben kein Augenlid, die adulten (erwachsenen) besitzen Ober- und Unterlid. Schlangen und viele Echsen haben keine Nickhaut. Bei ihnen sind die Augenlider verwachsen und durchsichtig („Brille"). Warum?

Denken Sie an den Lebensraum! Diese Brillen werden während der Häutung ersetzt. Vögel besitzen Augenlider und eine Nickhaut. Sie wird von innen her nach unten über das Auge gezogen und ist bei den meisten Vögeln durchsichtig (bei Eulen trüb). Bei Säugetieren ist die Nickhaut besonders bei den Primaten sehr weit zurückgebildet und ist nur als kleiner Rest (Tränenwärzchen) im inneren Augenwinkel erhalten.

Aufgabe 5

Rote und grüne Farbpunkte leuchten gleichzeitig. Sie reizen die rot- und grünempfindlichen Rezeptoren. Diese Addition zweier Farben erzeugt den Seheindruck Gelb (additive Farbmischung).

Aufgabe 6

Für das linke Auge liegt der Hintergrund weiter rechts, für das rechte weiter links!

Kapitel 4

Nervensysteme

Bereits einzellige Organismen können auf einige Umweltbedingungen reagieren. Bestimmte Organellen nehmen die Umweltreize auf und lösen eine angepasste Reaktion aus. Bei Mehrzellern findet eine Aufgabenteilung unter den Zellen statt. Es entwickeln sich zunächst Sinnesnervenzellen, später dann Sinneszellen und Nervenzellen.

Es entstanden einfache Nervennetze und schließlich aus Nervensträngen z. B. bei Ringelwürmern (Anneliden) und den Larven von Gliederfüßern (Arthropoden) die stark segmentierten **Strickleiternervensysteme:** Zwei bauchseitig verlaufende (ventrale) Nervenstränge (Bauchmark) tragen in jedem Körpersegment einen paarigen Nervenknoten (Ganglienpaar). Oberhalb der Mundöffnung liegt das **Oberschlundganglion** (»Gehirn«, ein recht großer paariger Nervenknoten), darunter das **Unterschlundganglion.** Die Längsverbindungen heißen **Konnektive,** die Querverbindungen zwischen den beiden Ganglienknoten **Kommissuren.**
Merkhilfe: Ko<u>nn</u>ektiv – lä<u>n</u>gs, Kommissu<u>r</u> – que<u>r</u>.
Die einzelnen Nervenknoten wurden mit steigender Organisationshöhe immer stärker im Kopfbereich konzentriert. Diese Tendenz lässt sich besonders gut bei der Larvenentwicklung und der Metamorphose von Gliederfüßern (z. B. Spinnen, Krebse, Insekten) beobachten: Die leistungsfähigen Sinnesorgane sind am Kopf stark konzentriert und bilden mit dem **Oberschlundganglion** einen dreigliedrigen Gehirn-Sinnes-Komplex, das **Cerebralganglion** (»Gehirn«). Es steht auch mit den endokrinen Drüsen (Hormondrüsen) in Verbindung und greift so in hormongesteuerte Abläufe ein (Metamorphose, Häutungen).
Die Versorgung der sehr kompliziert gebauten Mundwerkzeuge übernimmt das Unterschlundganglion (Mundwerkzeug-Komplex).

Evolution der Wirbeltiere
Die Nervensysteme und auch die Sinnesorgane der Wirbeltiere werden mit steigender Organisationshöhe immer leistungsfähiger.

4.1 Das Nervensystem des Menschen

4.1.1 Entstehung des Nervensystems während der Embryonalentwicklung des Menschen (Neurulation)

Im Verlauf der dritten und vierten Woche der Schwangerschaft bildet sich auf der Rückenseite des Embryos aus dem Ektoderm eine Verdickung, die

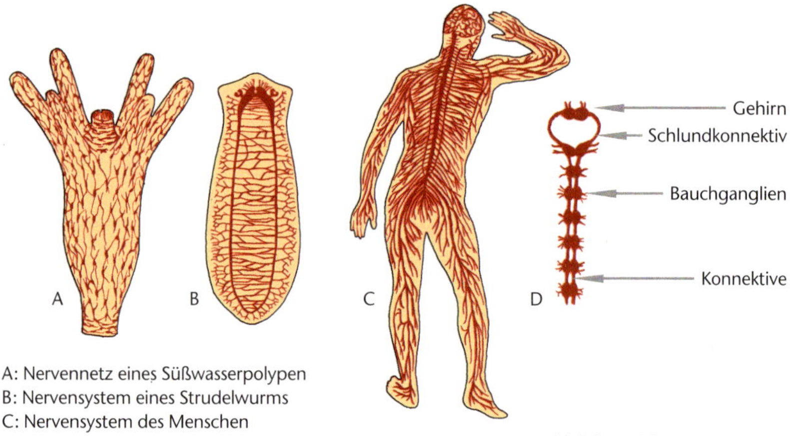

A: Nervennetz eines Süßwasserpolypen
B: Nervensystem eines Strudelwurms
C: Nervensystem des Menschen
D: Strickleiternervensystem eines Strudelwurms

Abbildung 33: Nervensysteme

Neuralplatte. Sie senkt sich nach unten in das Gewebe ein und bildet die Neuralrinnen, faltet sich zum Neuralrohr und löst sich schließlich vom Ektoderm. Am vorderen Ende entwickeln sich 5 Bläschen, aus denen die Gehirnbereiche Vorderhirn, Zwischenhirn, Mittelhirn, Kleinhirn und Nachhirn hervorgehen. Reste haben sich als Zentralkanal im Rückenmark und als Ventrikel im Gehirn erhalten. Die Zellen des Neuralrohres teilen sich sehr häufig und differenzieren sich entweder zu Nerven- oder Gliazellen. Bilden sie Nervenzellen, erfolgt schließlich eine starke Umstrukturierung ihrer Erbsubstanz (Chromosomen, DNA). Dadurch verlieren sie ihre Teilungsfähigkeit vollständig. Werden sie zu Gliazellen, behalten sie die Teilungsfähigkeit bei.

Nach bisheriger Lehrmeinung besitzt ein Individuum kurz nach der Geburt die höchste Zahl an Nervenzellen, die sich nur noch differenzieren und wachsen. Versuche an Vögeln, Nagern, Spitzhörnchen und Weißpinseläffchen lassen aber vermuten, dass z. B. im Hippocampus, einem jeweils seitlich unter den Großhirnhälften liegenden Gehirnabschnitt, von undifferenzierten Stammzellen ständig neue Nerven- und Gliazellen gebildet werden, die zum Teil auch überleben. Ihre Aufgabe ist noch genau so ungeklärt wie die Frage, inwiefern sie tatsächlich als Ersatz für abgestorbene Nervenzellen dienen können. Und ob diese Neubildung auch beim Menschen erfolgt, ist noch völlig unbekannt. Trotzdem hofft man, die Neubildung von Nervenzellen bei bestimmten Gehirnerkrankungen irgendwann einmal z. B. medikamentös anregen zu können.

4.1.2 Überblick über das Nervensystem des Menschen (enthält etwa 60 Milliarden Nervenzellen)

Das Nervensystem des Menschen wird wegen der besseren Übersicht in verschiedene Bereiche gegliedert. Die vorwiegend dem Bewusstsein unterliegenden Teile des Nervensystems fasst man zum animalen Nervensystem zusammen, den Bereich, der die unbewussten Körperfunktionen steuert, bezeichnet man als vegetatives Nervensystem. Das animale Nervensystem besteht aus dem zentralen Nervensystem (Abkürzung ZNS) mit Gehirn und Rückenmark und dem peripheren Nervensystem mit den Nervenbahnen vom Zentralnervensystem weg und zu ihm hin. Die Nervenbahnen, die Meldungen aus Sinnesorganen und dem Körper zum Zentralnervensystem hinführen, heißen afferente oder sensorische (manchmal auch sensible) Bahnen, die von ihm wegführen, nennt man efferente (einen Effekt auslösende) oder motorische (eine Bewegung auslösende) Bahnen. Das vegetative Nervensystem umfasst zwei antagonistisch arbeitende Systeme, die den Körper auf »Erholung« (Parasympathikus) oder »Verteidigung« (Sympathikus) schalten. Die folgende systematische Übersicht soll die Zuordnung der einzelnen Bereiche erleichtern.
Kurzübersicht über die Einteilung des Nervensystems

- Animales[23] Nervensystem (cerebrospinales Nervensystem)
  Zentrales Nervensystem – die Zentrale des Nervensystems
  - Gehirn
  - Rückenmark
- Peripheres Nervensystem – die Peripherie versorgender Teil des Nervensystems
  - Efferent = motorisch – vom Zentralnervensystem weg
  - Afferent = sensibel – zum Zentralnervensystem hin
  - Merkhilfe: Affekt wird durch Sinnesmeldungen ausgelöst, also afferente Bahnen bringen Meldungen zum Gehirn. Befehle des Gehirns führen zu einem Effekt, also efferente Bahnen führen vom Gehirn weg.
- Vegetatives Nervensystem (autonomes Nervensystem)
  sympathisches System – Sympathikus – adrenerges System
  parasympathisches System – Parasympathikus – cholinerges System

---

[23] von animus = Seele, Geist, Bewusstsein

4.2 Zentrales Nervensystem

4.2.1 Gehirn (Cerebrum)

Schutz und Versorgung des Gehirns

Das Gehirn liegt gegen Erschütterungen geschützt in der knöchernen Schädelkapsel, die außen von der Kopfschwarte umgeben und durch Haare gegen zu starke Temperaturschwankungen isoliert ist. Innen ist der Schädelknochen durch die **harte Hirnhaut** (Dura mater) ausgekleidet, die zugleich die Knochenhaut (Periost) darstellt. Die harte Hirnhaut gliedert den Schädelinnenraum durch sehr feste Zwischenwände (Septen), sodass die einzelnen Gehirnabschnitte gut daran befestigt werden können. Das Gehirn ist von der **weichen Hirnhaut** (Pia mater) überzogen, die allen Windungen und Furchen folgt. Der Raum zwischen harter und weicher Hirnhaut ist durch die **Gehirn-Rückenmarks-Flüssigkeit** (Liquor cerebrospinalis) ausgefüllt. Gehirn und Liquor besitzen die gleiche Dichte, wodurch das Gehirn im Liquor schwebt. Damit es vom Schädeldach überall etwa gleichen Abstand hat, wird es durch feine Bindegewebsfäden gehalten. Diese Fäden gehören zur **Spinnwebshaut** (Arachnoidea). Sie überzieht mit einer Schicht die harte Hirnhaut, mit einer zweiten die weiche Hirnhaut und spannt dazwischen die Fäden aus. Liquor ist eine vom Blutdruck durch feinste Poren abgepresste Flüssigkeit, die reich an Nährstoffen ist und ursprünglich allein die Nervenzellen des Gehirns durch Diffusion ernährte. Bei der Evolution war eine gute Versorgung der Nervenzellen ein erheblicher Selektionsvorteil. Auch deshalb liegen die Nervenzellen auf der Oberfläche des Großhirns konzentriert, wo sie vom Liquor gut versorgt werden können. Pro Tag werden etwa 650 ml Liquor produziert und im Bereich des Schädeldaches wieder resorbiert. Ist der Abfluss behindert, hemmt der entstehende Druck die Gehirnentwicklung und der Schädel weitet sich zum Wasserkopf (Hydrocephalus). Längst nicht alle Stoffe können aus dem Blut in den Liquor oder zum Gehirn übertreten. Der Stoffdurchtritt ist durch die **Blut-Liquor-Schranke** und die **Blut-Gehirn-Schranke** stark behindert. Vorwiegend fettlösliche (lipophile) Stoffe schaffen den Durchtritt (z.B. Alkohol und viele organische Lösemittel, Coffein, Nicotin und andere Rauschmittel). Die Blutversorgung des Gehirns erfolgt durch große, ausnahmslos an der Oberfläche liegende Gefäße. Von ihnen treten kleine Arterien und Arteriolen senkrecht in das Gehirn ein. Sie bilden innerhalb der Gehirnrinde ein sehr dichtes, im Mark nur ein recht lockeres Kapillargeflecht. Auf den Kapillaren sitzen Ausläufer von Gliazellen. Sie entnehmen dem Blut Nährstoffe, transportieren sie zu den Nervenzellen und bringen Abfallstoffe von den Nervenzellen zur Blutbahn.

4.2.1.1 Großhirn (Telencephalon, Endhirn, Vorderhirn)

Stichworte: »graue Substanz«, ehemaliges Riechhirn, 2 Hemisphären, Bewusstsein, Denken, Auswertung von Sinnesmeldungen.

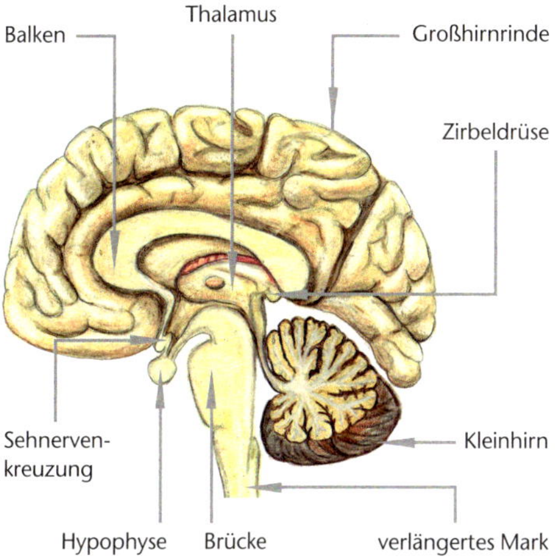

Abbildung 34: Gehirn des Menschen

Das Großhirn ist der entwicklungsgeschichtlich jüngste Teil des Gehirns. Er überwölbt beim Menschen alle übrigen Teile des Gehirns. Eine tiefe Längsfurche teilt es in zwei Hälften (Hemisphären). Dabei übernimmt die linke Hirnhälfte die Versorgung der rechten Körperseite und umgekehrt die rechte Hirnhälfte die der linken Körperseite. Die Kreuzung der Nervenbahnen liegt im verlängerten Mark. Bei niederen Wirbeltieren ist die Oberfläche des Vorderhirns glatt, mit steigender Entwicklungsstufe nimmt die Zahl der **Furchen** (Sulci) und **Windungen** (Gyri) immer weiter zu. Sie vergrößern die Oberfläche des Großhirns besonders beim Menschen sehr stark. Nur ein Drittel dieser Oberfläche kann man sehen, der Rest liegt in den Furchen und Windungen verborgen. Im Schnitt erscheint außen die **graue Substanz** (Rinde, Cortex), die die Nervenzellen enthält, innen das **weiße Mark**, das ausschließlich von Nervenbahnen gebildet wird. An der Basis des Großhirns liegen einige größere Nervenzellengruppen, die **Stammganglien.** Sie sind an der Regelung der Muskelspannung beteiligt. Störungen verursachen den Veitstanz. Das sind unkontrollierbare, schnelle Zuckungen der verschiedensten Muskeln auch im Gesicht (Grimassieren). Dabei ist die geistige Fähigkeit nicht beeinträchtigt. Zu den Stammganglien gehört z. B. der schwarze Kern (Substantia nigra).

Großhirnrinde (Cortex cerebri)

Stichworte: 14 Milliarden Nervenzellen, durch Synapsen verknüpft, je Nervenzelle bis 10 000 Synapsen, 6 Zellschichten, von außen her diffusionsernährt, 2 200 cm^2 Oberfläche, ca. 200 Rindenfelder; Furchen (Sulci) und Windungen (Gyri) vergrößern Oberfläche.

Die rund 14 Milliarden Nervenzellen des Großhirns liegen in 6 Schichten in der Großhirnrinde konzentriert. Jede einzelne dieser Nervenzellen kann mit 1000 bis 10 000 anderen über Synapsen verknüpft sein und so Informationen austauschen. Je größer die Zahl der Nervenzellen im Großhirn ist und je vielfältiger deren Verknüpfungen sind, desto leistungsfähiger ist es. Bei der Geburt des Menschen liegt die Zahl der Nervenzellen im Großhirn im Wesentlichen fest. Die Verknüpfungen zwischen ihnen sind erst zu etwa einem Drittel ausgebildet. Vielleicht ist dies der angeborene Anteil der Intelligenz. Die weiteren Verknüpfungen können neu gebildet oder auch gelöst werden. Form und Größe der Synapsen sind veränderlich. Lernen könnte Neubildung von synaptischen Verknüpfungen oder deren Vergrößerung sein. Eine vielfältige Umwelt besonders in den ersten Lebensjahren könnte sich deshalb positiv auf die Intelligenzentwicklung auswirken, doch ist dies nicht bewiesen!

Großhirnfelder

Bei Hirnverletzungen verliert der Patient bestimmte Fähigkeiten. Viele Aufzeichnungen von Verletzungsort und beobachteter Ausfallerscheinung führten schließlich zu einer »Landkarte« der Gehirnfunktionen, die etwa 200 dieser Großhirnfelder zeigt. Die Aufgabe von einigen dieser Rindenfelder ist sehr eng begrenzt und bei allen Menschen gleich, zwischen anderen sind die Übergänge fließend. Bei Verletzungen des Stirnhirns zeigen sich kaum Beeinträchtigungen. Dieser entwicklungsgeschichtlich jüngste Teil des Gehirns ist beim Menschen besonders gut ausgebildet und könnte für das Denken, Abwägen und Entscheiden genutzt werden. Rindenfelder, die Sinnesmeldungen auswerten, nennt man **sensorische Projektionsfelder** (Wahrnehmungsfelder), Felder, von denen Bewegungsbefehle ausgehen, heißen **motorische Projektionsfelder. Assoziationsfelder** stellen Gedankenverknüpfungen (Assoziationen) zwischen den verschiedensten Gehirnbereichen her (z. B. Stirnhirn).

Fällt ein Großhirnfeld in der Kindheit aus, kann seine Aufgabe manchmal von anderen Teilen des Gehirns übernommen werden, bei älteren Menschen ist das schwieriger. Bei Ausfall des Sehzentrums (Sehrinde, Pro-

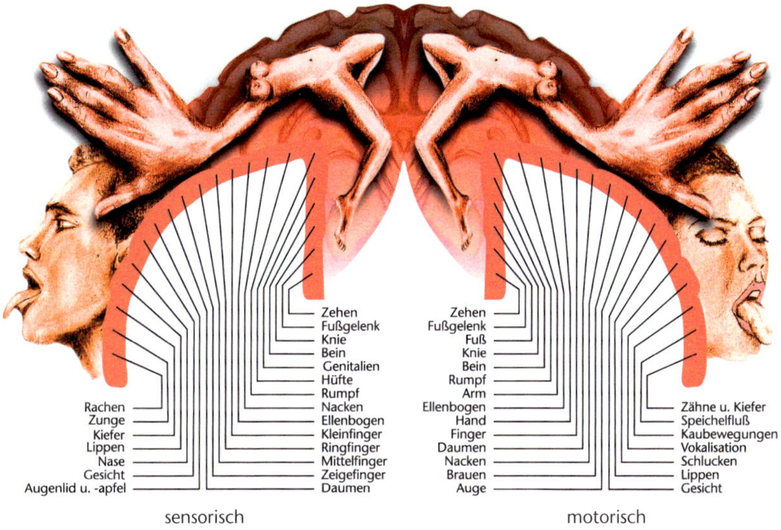

Abbildung 35: Projektionsfelder auf der Großhirnrinde (Humunculus)

jektionsfeld für das Sehen) erblindet der Patient trotz intakter Augen (**Rindenblindheit**)!

Die Gliederung der Großhirnrinde in Felder konnte bestätigt werden durch

- elektrische Reizung der Großhirnrinde bei Gehirnoperationen. Der Patient ist bei vollem Bewusstsein und kann über seine Empfindungen befragt werden.
- Ableitung der Nervenströme direkt vom Rindenfeld oder gar von einzelnen Nervenzellen im Rahmen von Gehirnoperationen.
- versehentliches oder absichtliches Durchtrennen von Nervenbahnen bei Gehirnoperationen (z. B. Entfernen von Tumoren).
- Einpflanzen von Elektroden in die Großhirnrinde bei freiwilligen Versuchspersonen.
- Messung der Gehirndurchblutung mithilfe radioaktiv markierter Substanzen, z. B. mit Traubenzucker (Glucose) bei unterschiedlichsten Tätigkeiten. Die Kernspintomographie hat hier besondere Erkenntnisse gebracht.

Besonders gut erforscht ist der direkte Verlauf der motorischen Bahnen von der Großhirnrinde bis zu den Muskeln. Sie werden **Pyramiden-**

strang, Pyramidenbahnen oder Pyramidenstrangbahnen (Tractus corticospinales) genannt und dienen der gewollten Bewegung. Das motorische Rindenfeld für die rechte Körperseite liegt in der linken Großhirnhälfte. Die hier beginnenden motorischen Bahnen laufen durch das Großhirnmark, bilden Abzweigungen zu einigen Basalganglien, ziehen weiter zum Mittelhirn, treten hier über die Brücke mit dem Kleinhirn in Kontakt und kreuzen sich im verlängerten Mark mit den motorischen Bahnen aus der rechten Großhirnhälfte (Pyramiden[bahn]kreuzung, Decussatio pyramidum). Sie ziehen dann im Rückenmark weiter zu den motorischen Vorderhornzellen. Von den etwa 1 Million Pyramidenbahnen, die an der Großhirnrinde beginnen, kommen höchstens 10 % an den Vorderhornzellen des Rückenmarks an. Hier werden die Bewegungsbefehle auf direkte Nervenbahnen zu den Muskeln umgeschaltet.

Großhirnmark (weiße Substanz)
Stichwort: nur aus markhaltigen Nervenfasern
Assoziationsfasern verbinden verschiedene Rindenbereiche einer Hirnhälfte miteinander, **Projektionsfasern** bringen Meldungen aus den Sinnesorganen zu den Projektionsfeldern oder leiten von dort Bewegungsbefehle (motorische Impulse) weg. **Kommissurbahnen** verbinden gleiche Felder beider Hirnhälften und laufen durch den Balken. Alle diese Leitungen aneinander gereiht ergeben eine Strecke von 500 000 km!

Balken (Corpus callosum)
Stichwort: verbindet Hemisphären
Diese dicke Nervenplatte verbindet beide Großhirnhälften (Hemisphären) durch **Kommissurbahnen** miteinander.
Zur Behandlung der Epilepsie (Fallsucht) durchtrennte man bei weltweit etwa 100 Patienten den Balken. Ihr Verhalten war normal. Erst gezielte Untersuchungen zeigten, dass die linke Hemisphäre nicht wusste, was die rechte tat, und dass das Gehirn nicht vollständig symmetrisch gebaut ist, wie man ursprünglich annahm.

Limbisches System
Stichworte: So genanntes emotionales Gehirn, Sitz von Gemütsbetonung, gemütsbedingte Antriebe, Innervation der inneren Organe, Hormonsteuerung; Angst, Aggressivität, Lust.
Teile des Zwischenhirns und entwicklungsgeschichtlich alte Teile des Großhirns (z. B. Mandelkern) bilden gemeinsam das limbische System.

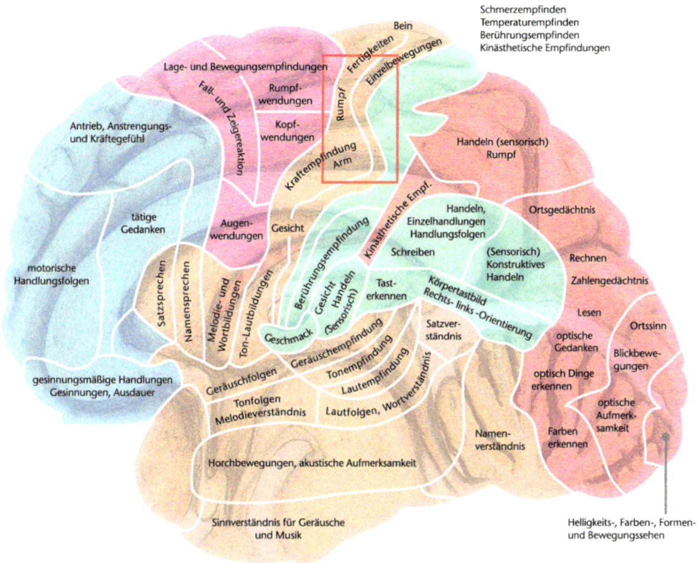

Abbildung 36: Übersicht über die Großhirnfelder (im eingerahmten Bild liegen die sensorischen und motorischen Projektionsfelder)

Seine Aufgabe ist nicht genau bekannt. Viele erkannte Aufgaben überschneiden sich sehr stark mit denen des Thalamus und sind wohl auch hier nicht klar abzugrenzen.

Störungen des limbischen Systems verhindern Neulernen, bereits Gelerntes wird aber erinnert. Es steuert wahrscheinlich Gefühle und Mimik bei Freude, Glück, Lust, Unlust, Zorn, Wut, Angst und Aggressivität.

Auch Geruchsempfindungen werden hier ausgewertet und lösen Abwehr (Fremdheit, Alarm, »den kann ich nicht riechen«) oder das Gefühl der Geborgenheit (»Nestgeruch«) aus. Elektrische Reizung des limbischen Systems führt zur Erhöhung von Blutdruck, Puls- und Atemfrequenz, es beeinflusst also das vegetative Nervensystem. Wahrscheinlich liegen hier einige angeborene Verhaltensweisen wie z. B. Revier-, Sexual- und Brutpflegeverhalten.

Tieren hat man Elektroden in diese Region eingepflanzt und ihnen die Möglichkeit gegeben, sich über einen Schalter selbst zu reizen. Sie ziehen die Selbstreizung dieser Region auch nach Hungerperioden der Nahrungsaufnahme vor.

4.2.1.2 Stammhirn
Zum Stammhirn gehören Zwischenhirn, Mittelhirn und Nachhirn mit Brücke, Kleinhirn und dem verlängerten Mark.

4.2.1.2.1 Zwischenhirn (Diencephalon)
Es liegt unmittelbar unter dem Großhirn um den 2. Hirnventrikel (einem mit Gehirn-Rückenmarks-Flüssigkeit gefüllten Hohlraum) zwischen den Großhirnhälften. Der obere Bereich ist der Thalamus, der untere der Hypothalamus. Auf seiner Unterseite liegen **Sehnervenkreuzung** (Chiasma opticum) und **Hypophyse** (Hirnanhangsdrüse), auf seiner Oberseite die **Epiphyse** (Zirbeldrüse). Hypophyse, Epiphyse und Netzhaut des Auges sind Ausstülpungen des Zwischenhirns.

Thalamus
Stichworte: Zentrum für die »vorweggenommene Wirklichkeit«: angeborenes Verhalten. Wichtigste Sammel- und Verteilungsstelle von Sinnesmeldungen.
Menschen und Tiere vererben fertige Verhaltensprogramme, die wahrscheinlich im Thalamus lokalisiert sind. In genau definierten Situationen veranlassen sie eine zweckmäßige Reaktion. Als Auslöser dienen **Schlüsselreize** (die passende Situation). Sie werden von den **angeborenen Auslösemechanismen** (AAM) im Thalamus erkannt und dann in eine passende Handlung umgesetzt.
Beispiel: Junge Silbermöven picken gegen den roten Schnabelfleck des Elterntieres. Für das Jungtier ist der rote Fleck Auslöser (Schlüsselreiz) für das Picken, das Picken ist für den Altvogel Auslöser für das Auswürgen von Futter.
Neben sehr einfachen AAMs (wie im obigen Beispiel) gibt es viele Verhaltensprogramme (Instinkthandlungen), die komplizierter sind, vermutlich ebenfalls im Thalamus liegen und die eine vorgefertigte Antwort auf noch nicht erlebte Situationen geben können (»vorweggenommene Wirklichkeit«). Diese Instinkthandlungen sind nicht starr, sondern durch Erfahrungen zu verändern. Hierher gehören z.B. Beutefang-, Abwehr-, Flucht-, Paarungs- und Brutpflegeverhalten. Das »Kindchenschema« zeigt uns dabei, wie stark dieses angeborene Verhalten auch unser Leben beeinflusst.
Alle von den Sinnen Tasten, Temperatur, Schmecken, Schmerz und Sehen (nicht aber Riechen) kommenden Meldungen gelangen zuerst in den Thalamus. Er besitzt für jedes Sinnesorgan eigene Thalamusfelder. Hier

werden die Meldungen gefiltert, mit Gefühlstönung (Affekt) beladen und bei Überschreiten eines Schwellenwertes an die sensorischen Felder (Projektionsfelder) der Großhirnrinde weitergeleitet. Unter dem Einfluss des Großhirns lässt sich der Schwellenwert, ab dem eine Sinnesmeldung zum Großhirn weitergeleitet werden soll, bewusst einstellen. Unterschwellige Reize werden als unwichtig weggefiltert und deshalb nicht bewusst wahrgenommen: Man ist konzentriert. Außerdem passt der Thalamus Gesichtsausdruck (Mimik) und Gebärden (Gestik) der jeweiligen Gefühlslage an (vgl. den Abschnitt über das limbische System). Gefühlstönungen sind z. B. Freude, Angst, Lust, Schmerz, Lachen, Weinen.

Zirbeldrüse (Corpus pineale, Glandula pinealis)
Stichworte: Verantwortlich für zirkadianen Rhythmus (»innere Uhr«).
Am Thalamus hängt ein kleiner zapfenförmiger Körper, die Zirbeldrüse. Bei niederen Wirbeltieren liegt die Zirbeldrüse als Parietalauge direkt unter dem dünnen Schädeldach. Sie ist lichtempfindlich und steuert bei Amphibien z. B. den Wechsel der Hautpigmentierung (tags dunkel, nachts hell), das jahreszeitlich unterschiedliche Verhalten oder die Paarungsbereitschaft. Beim Menschen ist sie vermutlich die »innere Uhr« und hemmt wahrscheinlich bis zur Pubertät die Ausreifung der Geschlechtsorgane (Genitalien).

Hypothalamus
Stichwort: Steuerzentrum des vegetativen Nervensystems.
Der Hypothalamus ist die Steuerzentrale des vegetativen Nervensystems und sorgt für konstante innere Bedingungen. Dazu stimmt er die Tätigkeit der inneren Organe über das vegetative Nervensystem und anregende oder hemmende Hormone (releasing/inhibiting factors) aufeinander ab und berücksichtigt dabei auch Meldungen aus dem Großhirn. Er reguliert Hunger und Durst, Stoffwechsel, Temperatur und Kreislauf, Wachen und Schlafen und die Sexualität. Bei Zerstörung der entsprechenden Hypothalamusbereiche kommt es z. B. zu hemmungsloser Fresssucht, stark eingeschränkter Flüssigkeitsaufnahme, völlig fehlender Sexualität.

Regelung der Körpertemperatur (Thermoregulation)
Bei gleich warmen (homoiothermen) Tieren wie z. B. dem Menschen wird die Temperatur der inneren Organe und des Gehirns sehr genau konstant

gehalten (Kerntemperatur = 37°C mit Tagesschwankungen von ± 0,5°C). In den übrigen Bereichen (Haut, Gliedmaßen: Schalentemperatur) kann die Temperatur stark schwanken. Zwei verschiedene Bereiche des Hypothalamus sorgen für eine konstante Kerntemperatur. In seinem vorderen Teil liegt das »**Kühlzentrum**« des Körpers, im hinteren das »**Heizzentrum**«. Ein hochgenauer Thermorezeptor aus spezialisierten Nervenzellen im Hypothalamus misst ständig die Bluttemperatur und meldet die Werte an die beiden Zentren. Hier werden sie mit einem Sollwert verglichen. Meldungen aus den Thermorezeptoren der Haut (Wärme- und Kälterezeptoren) werden in den Vergleich mit einbezogen. Steigt die Kerntemperatur über den Sollwert, tritt das »Kühlzentrum« in Aktion: Über Bahnen des vegetativen Nervensystems veranlasst es die kleinen Blutgefäße der Peripherie (Haut, Gliedmaßen), sich zu öffnen. Steigt die Temperatur trotzdem weiter, werden die Schweißdrüsen zur Schweißbildung angeregt. Sinkt die Kerntemperatur, so übernimmt das »Heizzentrum« die Regelung: Die Durchblutung der Arme und Beine und der Haut wird zunehmend gedrosselt. Gleichzeitig beginnt ein nicht zu bemerkendes Mikrozittern der Muskulatur und der Grundumsatz wird gesteigert. Dadurch entsteht Wärme. Reicht das nicht aus, so setzt starkes Zittern ein. Diese Regelung funktioniert in einem Temperaturbereich von 0–50°C. Kann die Körpertemperatur trotz dieser Maßnahmen nicht gehalten werden, ändert der Mensch sein Verhalten: Er sucht sich einen anderen Aufenthaltsort oder kleidet sich anders.
Bei **Infektionskrankheiten** wird der Sollwert des Regelkreises durch Bakterientoxine auf eine höhere Temperatur verstellt. Der Körper reagiert so, als wäre die Kerntemperatur unterschritten und beginnt zu heizen (Schüttelfrost!).

Der **Hypothalamus** bildet in spezialisierten Nervenzellen (neurosekretorischen Zellen) verschiedene Hormone (Neurohormone). Weitere Hormone des Hypothalamus sind die Freisetzungshormone (**Releasinghormone**, RH, releasing factors, RF). Steuernde Nervenimpulse veranlassen den Hypothalamus, diese Hormone ins Blut eines kleinen Gefäßnetzes (Pfortadersystem) abzugeben. Sie gelangen so auf kürzestem Wege zum Hypophysenvorderlappen (Adenohypophyse, HVL). Dort regen sie die Freisetzung von stimulierenden Hormonen an (z.B. follikelstimulierendes Hormon, FSH). **Inhibitionshormone** (inhibiting factors) des Hypothalamus hemmen in der Hypophyse die Abgabe bestimmter stimulierender Hormone (z. B. das Inhibitionshormon Somatostatin SIH[24] hemmt in der Hypophyse die Abgabe von Somatotropin). Für jedes Hypophysenhormon gibt es entsprechende Releasing- oder Inhibitionshormone.

Hypophyse

- Hypophysenvorderlappen (**Adenohypophyse**): Releasing-/Inhibitionshormone
- Hypophysenhinterlappen (**Neurohypophyse**): Die Hormone Adiuretin (Vasopressin) und Oxytocin werden im Hypothalamus gebildet, durch umgebildete Axone (Neuriten) zum Hypophysenhinterlappen (Neurohypophyse, HHL) transportiert und dort gespeichert. Durch Aktionspotenziale werden sie bei Bedarf ins Blut abgegeben.

Adiuretin steuert in der Niere die Menge des rückresorbierten Wassers[25]. Bei der Geburt sorgt **Oxytocin** für das kraftvolle Zusammenziehen der Gebärmuttermuskulatur, wirkt also wehenauslösend.
Die Hypophyse liegt in einer Vertiefung der Schädelbasis geschützt unterhalb des Hypothalamus und ist mit diesem über ein kleines Stielchen verbunden. Sie ist etwa erbsengroß und wiegt nur 0,6 g. Unter dem Mikroskop lassen sich an der Hypophyse zwei verschiedene Bereiche unterscheiden, der Hypophysenvorderlappen und der Hypophysenhinterlappen. Der Hinterlappen ist entwicklungsgeschichtlich vom Nervensystem abzuleiten, besteht aus Gliagewebe und enthält Nervenendigungen. Er wird deshalb auch Neurohypophyse genannt. Der Vorderlappen, aus Epithelzellen der Mundhöhle entstanden, heißt wegen seines drüsigen Aufbaus Adenohypophyse (von griechisch aden = Drüse).

4.2.1.2.2 Mittelhirn (Mesencephalon)

Stichworte: Seh- und Hörreflexe, Augenakkommodation, Pupillenverengung, Stimmungen, automatische Bewegungsabläufe

Zwischen der Brücke und dem Zwischenhirn liegt das Mittelhirn. Es wertet bei niederen Tieren die Meldungen von Auge und Ohr aus und akti-

[24] SIH = engl. somatotropine inhibiting hormone

[25] In den Nieren werden täglich ca. 170 l Primärharn produziert. Davon werden in den Nierenkanälchen unmittelbar nach der Bowman-Kapsel (proximale Tubuli) 150 l Wasser zwingend (obligat) (rück)resorbiert, in den Nierenkanälchen nach der Henle-Schleife (distale Tubuli) je nach Bedarf (fakultativ) 15–19 l. Die Menge des fakultativ (rück)resorbierten Wassers wird durch das Hormon Adiuretin geregelt.

viert die entsprechende Muskulatur (motorische Befehle). Bei Fischen und Amphibien ist es das übergeordnete Koordinationszentrum des Gehirns. Bei den Säugern und beim Menschen hat es durch das Großhirn an Bedeutung verloren. Bei ihnen schaltet es Seh- und Hörreflexe zum Rückenmark (ein Geräusch löst reflektorisches Hinschauen aus), veranlasst Reflexbewegungen der Augen, den Pupillenreflex und das Scharfstellen des Bildes auf der Netzhaut (Augenakkommodation).
Einige Nervenzellengruppen (»Kerne«) sind Schaltstellen für automatische Bewegungsabläufe (z.B. Körperdrehung um die Längsachse). Sie sind wohl auch an willkürlichen Körperbewegungen beteiligt und haben Verbindung zur Pyramiden(strang)bahn. Der schwarze Kern (Substantia nigra) hat Starterfunktion bei raschen Bewegungen. Fällt er aus, zeigen besonders die Hände in Ruhe starke Schüttelbewegungen, die gesamte Muskulatur ist angespannt, Bewegungen werden ruckartig ausgeführt (»Zahnradbewegungen«), das Gesicht erstarrt zur Maske.
Ein für die Stimmungslage wichtiger Teil des Mittelhirns ist die **Formatio reticularis.** Hier fasert die graue Substanz des Rückenmarks auf und leitet zum Gehirn über. Aus diesem feinen Fasergeflecht kommen ständig Impulse, die uns wach und aufmerksam halten. Bei Ermüdung versiegen sie, bei Schlaf hören sie ganz auf. Eine Unterfunktion der Formatio reticularis verursacht Erschöpfung und Depression, Überfunktion seelische Angespanntheit.
Viele **Arzneimittel** setzen an der Formatio reticularis an: Tranquilizer (Beruhigungsmittel, die Angst und Spannungen abbauen) vermindern die Zahl der weckenden Impulse zum Großhirn, Schlafmittel (z. B. Barbiturate) unterbinden sie fast völlig, Amphetamine (Sucht erzeugende Appetitzügler) erhöhen die Zahl dieser Impulse. Sie haben auch dann weckende Wirkung (deshalb Weckamine), wenn der Körper bereits ermüdet ist, und können dadurch völlige Erschöpfung verursachen.

4.2.1.2.3 Hinterhirn (Metencephalon)

Das Hinterhirn besteht aus der **Brücke** und dem **Kleinhirn.** Die Brücke (Pons) verbindet Groß- und Kleinhirnrinde.

Kleinhirn (Cerebellum)
Stichworte: Bewegungskoordination, Gleichgewicht, Lage im Raum
Das Kleinhirn ist über drei dicke Nervenstränge (Stiele) mit dem Gehirn verbunden: Der vordere Stiel zieht zum Mittelhirn, der mittlere ist die **Brücke,** der hintere zieht zum verlängerten Mark.

Zur Oberflächenvergrößerung ist das Kleinhirn »gefurcht«. Im Schnitt durch die Mitte sieht man den »Lebensbaum« aus weißen Nervenbahnen, die ein baumartiges Geflecht bilden, außen liegt die graue Rinde.
Das Kleinhirn ist ein »Integrationszentrum«. Es fasst Einzelmeldungen aus Labyrinth, Tastsinn, Tiefensensibilität, Muskelsinn und Meldungen aus den Gelenken zu einem zusammenhängenden Bild über die Lage des Körpers im Raum zusammen, sorgt für die Erhaltung des Gleichgewichtes und koordiniert alle Bewegungen. Dabei steht er mit der Großhirnrinde im Kontakt.Wird das Kleinhirn beschädigt, dann fehlt der Muskeltonus, die Kraft der Muskeln ist mangelhaft, das Gleichgewicht ist gestört und eine koordinierte Bewegung nicht möglich. Ist das Fehlen angeboren, gibt es keine Ausfallerscheinungen!

Steuerung von Bewegungen
Das Großhirn entwickelt einen Bewegungsplan. Er wird von den motorischen Rindenfeldern in Impulsmuster zur Aktivierung der beteiligten Muskulatur umgesetzt. Diese Impulsmuster werden ans Mittelhirn, über die Brücke ans Kleinhirn und über die Pyramidenstrangbahn direkt zu den entsprechenden Alphamotoneuronen des Rückenmarks weitergeleitet.
Das Mittelhirn ist an der Steuerung automatisch ablaufender Bewegungen beteiligt.
Im Kleinhirn sind Erfahrungswerte aus ähnlichen Bewegungen gespeichert. Es hemmt über inhibitorische Synapsen die an den Bewegungen beteiligten antagonistischen Muskeln (z.B. Beuger und Strecker), sodass die Bewegung an die jeweilige Situation optimal angepasst ist. Dazu vergleicht es ständig den Erfolg der Bewegungen (Meldungen aus praktisch allen Sinnesorganen, Istwerte) mit dem angestrebten Bewegungsablauf (Sollwerte). Es berücksichtigt dabei zusätzlich die Erhaltung des Gleichgewichtes und veranlasst Ausgleichsbewegungen (z. B. die Armbewegungen beim Gehen). Bei unbekannten Situationen wird die Kontrolle dem Großhirn übertragen und durch wiederholtes Üben vom Kleinhirn gelernt (Autofahren, Maschineschreiben).

4.2.1.2.4 Verlängertes Mark (Medulla oblongata, Myelencephalon, Nachhirn)
Stichworte: Verbindung Gehirn – Rückenmark, Kreuzung der Nervenbahnen, vegetative Zentren für Atmung und Blutdruck, Reflexe für Kopfhaltung, Schlucken, Schutzreflex

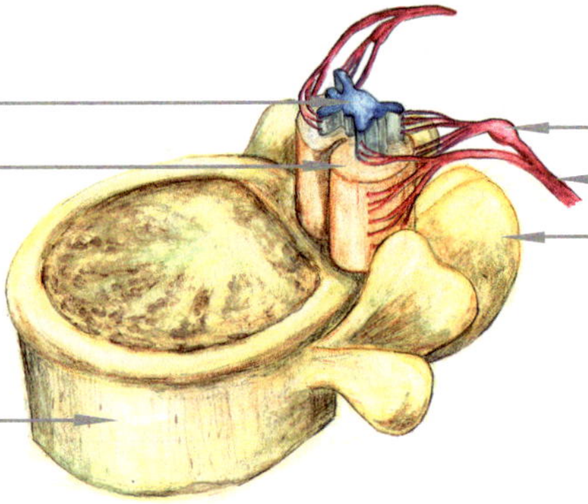

Abbildung 37: Wirbelsäule im Querschnitt mit Rückenmark

Der Name verrät es: Es ist der Übergang vom Rückenmark zum Gehirn. Im verlängerten Mark liegt die Kreuzung der Nervenbahnen von der linken Körperseite zur rechten Gehirnseite und umgekehrt. Dazu gehören die Kreuzungen der willkürlichen motorischen Bahnen (Pyramidenkreuzung, Decussatio pyramidum) wie auch der aus dem Körper kommenden sensorischen Bahnen.
Bei der Obduktion blickt man nach dem Entfernen des Kleinhirns auf die Rautengrube (Fossa rhomboidea). Die Kreuzung der Nervenbahnen sieht dort wie eine Pyramide aus, daher der Name »Pyramidenkreuzung«.
Im verlängerten Mark liegen Nervenzellgruppen des vegetativen Nervensystems, die zum parasympathischen System gehören und der Ursprung des Nervus vagus sind (parasympathische Kerne). Sie fördern z. B. Speichel- und Tränenfluss und verlangsamen Atmung und Herzfrequenz.
Das verlängerte Mark ist Zentrum der Stellreflexe für die Kopforientierung im Raum, für Saug- und Schluckreflex sowie für die Schutzreflexe Brechen, Husten, Niesen, Lidschluss. Weitere Zentren regeln den Kohlenhydratstoffwechsel und die Atmung.

Regelung der Atmung

In der Aorta und der Halsschlagader (Arteria carotis communis) liegen Chemorezeptoren (Glomus aorticum, Glomus caroticum), die den Sauerstoffgehalt des Blutes messen. Chemorezeptoren im verlängerten Mark überwachen den Kohlendioxidgehalt des Blutes durch Messung des pH-Wertes.
Die Messergebnisse werden im Atemzentrum des verlängerten Marks aus-

gewertet. Absinken des Sauerstoff- oder Ansteigen des Kohlendioxidgehaltes lösen verstärkte Atmung aus. Der eigentliche Atemreflex für das Einatmen nach willkürlichem Anhalten der Luft wird durch einen hohen Kohlendioxidgehalt erzwungen. Weiteren Einfluss auf die Atmung haben Dehnungsrezeptoren in den Lungenbläschen (Alveolen), in Muskeln und Sehnen des Körpers (Arbeit!), Körpertemperatur (Kälte, Fieber) und psychische Erregung (Freude, Angst: Krimi!).

4.2.2 Rückenmark (Medulla spinalis)

Überblick:

Graue Substanz

H-förmiger Querschnitt: Reflexzentrum; 31 Paar Rückenmarknerven

Hinterhörner

Paarig, dorsal, Einmündung von je 120 000 afferenten (sensorischen) Fasern; zugehörige Zellkörper in Spinalganglien außerhalb des Rückenmarks.

Vorderhörner

Paarig, ventral, Austritt von je 6 000 efferenten (motorischen) Fasern; zugehörige Zellkörper im Vorderhorn (Lähmung bei spinaler Kinderlähmung[26]).

Weiße Substanz

10 Millionen Leitungen

- afferente (sensorische) Fasern: dorsal, zwischen Hinterhörnern;
- efferente (motorische) Fasern: ventral und seitlich im Rückenmark; Pyramidenbahnen (Tractus corticospinales) liegen zwischen Vorder- und Hinterhörnern.

Afferente und efferente Bahnen bilden im Rückenmarkskanal den Spinalnerven.

---

[26] spinale Kinderlähmung (Poliomyelitis): meldepflichtige Viruserkrankung, bei der die Vorderhörner der grauen Substanz, also die motorischen Nervenzellen des Rückenmarks, befallen werden. Ist die Steuerung der Atemmuskulatur betroffen, tritt der Tod ein. Schluckimpfung schützt zuverlässig gegen eine Erkrankung.

4.2.2.1 Bau und Funktion des Rückenmarks

Das Rückenmark des Erwachsenen hat einen Durchmesser von etwa 1 cm, ist 40–50 cm lang und verbindet das Gehirn mit dem übrigen Körper. Es löst Reflexe aus, indem es bestimmte Sinnesmeldungen direkt auf Muskeln umschaltet. Dadurch werden sehr rasche Antworten auf Außenreize möglich.

Das Rückenmark liegt im **Rückenmarkskanal** der **Wirbelsäule** (Canalis spinalis), der innen von der harten Hirnhaut (Dura mater spinalis) ausgekleidet ist. Es ist wie das Gehirn von der **weichen Hirnhaut** (Pia mater) überzogen. Die **Spinnwebshaut** (Arachnoidea spinalis) verbindet beide durch dünne Fäden, zwischen denen die **Gehirn-Rückenmarks-Flüssigkeit** (Liquor cerebrospinalis) für eine stoßdämpfende Lagerung sorgt. Das Rückenmark reicht nur bis zum 1. Lendenwirbel.

Durch eine Lumbalpunktion kann Liquor für Untersuchungen gewonnen werden oder kann eine örtliche Betäubung der unteren Körperhälfte für Operationen erfolgen. Dazu sticht man mit einer langen Nadel zwischen die Dornfortsätze der Lendenwirbel 3 und 4 ein. Die hier verlaufenden Nerven können der Nadel ausweichen.

Unmittelbar aus dem Rückenmark treten auf jeder Seite 31 Paar **Rückenmarksnerven** aus. Jedes Paar vereinigt sich noch innerhalb des Rückenmarkskanals und verlässt als **Spinalnerv** die Wirbelsäule jeweils zwischen zwei Wirbeln durch das **Zwischenwirbelloch** (Foramen intervertebrale). Außen verzweigen sie sich wieder und versorgen jeweils einen bestimmten Teil des Körpers.

Im Querschnitt erscheint im Inneren des Rückenmarks eine schmetterlingsförmige dunkle Figur, die **graue Substanz** (Substantia grisea). Sie besteht wie die graue Substanz der Großhirnrinde vorwiegend aus Nervenzellen. In ihrem Inneren ist ein Rest des Neuralrohres, der **Zentralkanal** (Canalis centralis), erhalten. Die umhüllende **weiße Substanz** (Substantia alba) wird ausschließlich von Nervenleitungen (Axonen) gebildet. Die hinten liegenden »Flügel« der Figur heißen Hinterhörner, die vorderen Vorderhörner.

Von vorn wird das Rückenmark durch eine tiefe Furche (Fissura mediana anterior) geteilt (Abbildung 37).

In den **Vorderhörnern** liegen motorische Nervenzellen. Sie nehmen aus dem Gehirn kommende Bewegungsbefehle auf und leiten sie direkt zu den Muskeln weiter. Ihre langen Axone (motorische Nervenbahnen) treten aus den Vorderhörnern als vordere motorische Wurzel (Radix ventralis) der Rückenmarksnerven aus. Sinnesmeldungen aus dem Körper gelangen über die Rückenmarksnerven zunächst zu den **Spinalganglien.** Das sind paarige Nervenknoten, die außerhalb des Rückenmarks, aber noch innerhalb der Wirbelsäule liegen. Von hier läuft die Erregung über die hintere sensible Wurzel (Radix dorsalis) der Rückenmarksnerven ins Rückenmark und durch aufsteigende Nervenbahnen, die vorwiegend zwischen den **Hinterhörnern** liegen, zum Gehirn weiter. Sie gelangen aber auch zu den sensorischen Nervenzellen der Hinterhörner. Ist die Erregung sehr stark (wird der Schwellenwert für die Auslösung eines Aktionspotenzials überschritten), wird sie auch direkt zu motorischen Nervenzellen in den Vorderhörnern geleitet und löst dort Reflexe aus.

Beachten Sie: Im Groß- und Kleinhirn liegen die Nervenzellen außen, in anderen Teilen des Gehirns als »Kerne« verstreut, im Rückenmark innen. Die Nervenleitungen (Nervenbahnen, Axone) bilden im Großhirn das Mark, im Rückenmark den äußeren Bereich. Die Nervenzellen erscheinen in dicker Schicht stets grau, die Leitungen weiß.

4.2.2.2 Der Reflexbogen

Ein Reflex ist die einfachste Antwort eines Nervensystems auf einen Reiz. Reflexe werden vorwiegend im verlängerten Mark und im Rückenmark geschaltet. Mindestens 2 Nervenzellen (Neuronen) bilden einen Reflexbogen.
Prinzip: Ein starker Reiz löst in einem Rezeptor eine starke Erregung hervor. Die Aktionspotenziale werden im Rückenmark direkt auf eine motorische Nervenzelle im Vorderhorn geschaltet. Sie wird durch die vielen ankommenden Aktionspotenziale so weit depolarisiert, dass sie dann z. B. eine Muskelkontraktion veranlasst.
Liegt der Rezeptor im Erfolgsorgan, nennt man dies einen **Eigenreflex.** Eigenreflexe besitzen nur eine Schaltstelle **(monosynaptischer Reflex).**

Beispiel **Kniesehnenreflex** (Patellarsehnenreflex, Abbildung 38): Durch einen Schlag auf die Kniesehne werden die Muskelspindeln im Strecker (Oberschenkelmuskel) sehr rasch gedehnt. Ihre Rezeptoren senden eine rasche Folge von Aktionspotenzialen über das Hinterhorn des Rückenmarks zu den Alphamotoneuronen (motorischen Nervenzellen in den Vorderhörnern des Rückenmarks). Sie werden depolarisiert und erzeugen ebenfalls eine schnelle Folge von Aktionspotenzialen, die sie zum Strecker senden. Der zieht sich daraufhin rasch zusammen. Da an der eigentlichen

Reizantwort nur eine Synapse beteiligt ist, ist die Reaktionszeit sehr kurz (20 ms). Gleichzeitig werden die **Alphamotoneuronen** des Beugers gehemmt, dieser Muskel also entspannt.

Beim **Fremdreflex** (Abbildung 39) liegt der Rezeptor nicht im Erfolgsorgan. Hier sind viele Neuronen beteiligt **(polysynaptischer Reflex).** Z.B. führt beim Bauchdeckenreflex die Reizung der Bauchhaut zu einer Kontraktion der Bauchdeckenmuskulatur. Polysynaptische Reflexe sind z.B. Husten, Niesen, Heben des Beins bei Stich in die Fußsohle, Schlucken, Saugen.

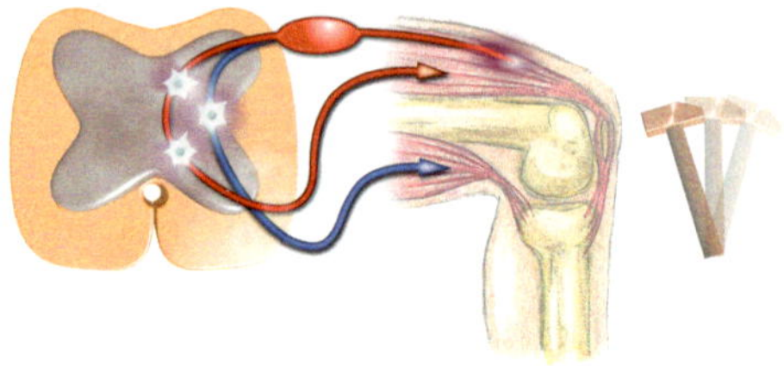

Abbildung 38: Kniesehnenreflex als Beispiel für einen monosynaptischen Eigenreflex

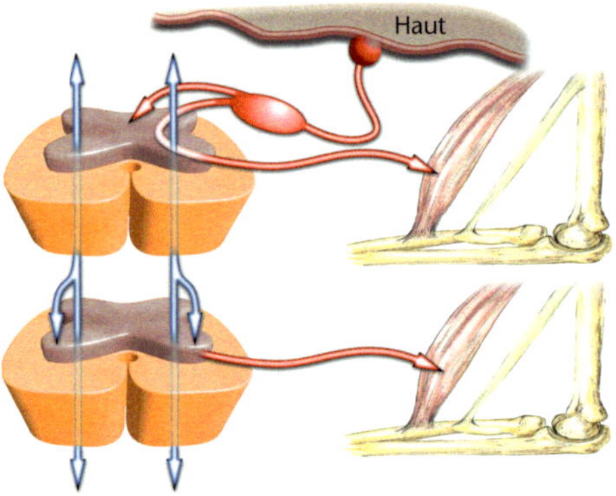

Abbildung 39: Schema eines Fremdreflexes

Einige Methoden zur Erforschung der Rückenmarksfunktionen

- Beobachtungen an Verletzten lassen Rückschlüsse auf die Funktionen der verletzten Bereiche zu. Werden im Rückenmark Pyramidenstrangbahn oder andere motorische Bahnen durchtrennt oder verletzt, so werden die unterhalb der Verletzung liegenden Versorgungsbereiche gelähmt. Die Lage der Verletzungen und die beobachtete Folge dieser Verletzung gibt sichere Hinweise auf die Funktion der geschädigten Stelle (Querschnittslähmung).
- Färbung eines Rückenmarkpräparats und Verfolgen des Verlaufs der einzelnen Fasern an Serienschnitten unter dem Mikroskop.
- Beim Durchtrennen einzelner Axone verkümmern (degenerieren) die zugehörigen Nervenzellen oft. Beobachtungen an Verletzten oder im Tierversuch an künstlich unterbrochenen Axonen gestatten das Auffinden der zugehörigen Nervenzellen auch über große Entfernungen hinweg.

4.2.2.3 Regelung der Muskelspannung

An der Regelung der Muskelspannung sind beteiligt:

- Alphamotoneurone. Sie werden durch Meldungen aus den Muskelspindeln erregt und erregen ihrerseits eine Gruppe von Muskelfasern in einem Skelettmuskel.
- Gammamotoneurone. Sie erregen die Muskelfasern der Muskelspindeln, dienen der Feineinstellung der Muskellänge und werden durch motorische Impulse aus dem Gehirn erregt.
- Muskelspindeln (Abbildung 40). Sie messen die Muskelspannung. In allen Skelettmuskeln der Säuger liegen diese Dehnungsrezeptoren. Sie bestehen aus 5–10 dünnen, quer gestreiften Muskelfasern (Myofibrillen aus Myosin und Actin, Spindelmuskeln), die über eine Bindegewebshülle mit dem zugehörigen Skelettmuskel fest verbunden sind. Um das Mittelteil der Spindelmuskeln, dem die Querstreifung fehlt, sind dehnungsempfindliche sensorische Nervenendigungen gewickelt. Die zugehörigen Nervenzellen liegen im Spinalganglion, ihre Axone sind mit Alphamotoneuronen (motorische Vorderhornzellen des Rückenmarks) synaptisch verknüpft.

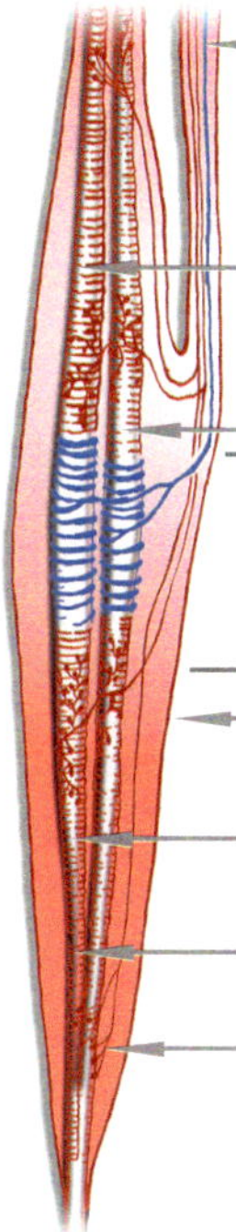

Abbildung 40: Muskelspindel

Zur Voreinstellung der Muskellänge werden Befehle aus den motorischen Zentren des Gehirns auf Gammamotoneurone (motorische Vorderhornzellen des Rückenmarks) geschaltet. Sie erregen die Spindelmuskeln, die sich zusammenziehen. Deren muskelfaserfreies Mittelstück wird dadurch gedehnt (Vergleich: Tauziehen!). Die dehnungsempfindlichen sensorischen Nervenendigungen erhöhen die Zahl der Aktionspotenziale zu den Alphamotoneuronen. Diese senden dadurch mehr Aktionspotenziale an den Skelettmuskel, der sich kontrahiert. Infolge dessen verkürzen sich die Muskelspindeln wieder, deren Aktionspotenziale an das Spinalganglion nehmen ab und die weitere Kontraktion des Skelettmuskels hört auf, sobald die erwünschte Muskellänge eingestellt ist. Bei einer plötzlichen Änderung der Muskelbelastung lösen die Muskelspindeln einen rasch ablaufenden Reflex aus, durch den die Muskellänge erhalten bleibt.

Bei einer voreingestellten Spannung der Rezeptoren erzeugen die im Spinalganglion liegenden zugehörigen Zellkörper Aktionspotenziale bestimmter Frequenz, die über das Alphamotoneuron den Skelettmuskel in der eingestellten Spannung halten (Abbildung 41). Wird er durch Belastung gedehnt, nimmt die Zahl der Aktionspotenziale aus den Muskelspindeln zu und veranlasst die Alphamotoneuronen, den Skelettmuskel wieder zu verkürzen. Wird der Muskel entlastet, verkürzen sich Skelettmuskel und Muskelspindeln. Die Frequenz der Aktionspotenziale aus den Muskelspindeln sinkt, dadurch sendet auch das Alphamotoneuron eine geringere Anzahl Impulse aus und der Skelettmuskel entspannt sich, bis er wieder die ursprüngliche Länge erreicht hat. Der hier geschilderte (myotaktische) Reflex (ein monosynaptischer Reflex) dient dazu, die (durch Großhirnbefehl) voreingestellte Länge des Skelettmuskels unabhängig von der Last zu erhalten. Die jeweilige Körperstellung bzw. -haltung wird z. B. durch diesen Reflex stabilisiert. Besonders gut ist diese reflektorische Regelung der Körperhaltung bei einem stehenden Fahrgast in einem Bus zu beobachten.

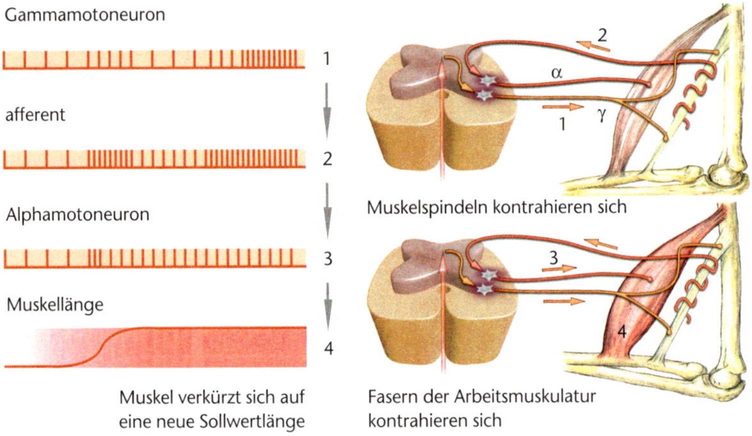

Abbildung 41: Reflektorische Kontrolle der Muskellänge

4.3 Vegetatives[28] Nervensystem (weniger gut: autonomes Nervensystem)

Stichwort: Steuerung lebenswichtiger, automatisch ablaufender Organfunktionen.

Das vegetative Nervensystem (Abbildung 42) steuert alle lebenswichtigen Organfunktionen (man könnte sagen, alles, was man nicht vergessen darf: u.a. Herzschlag, Atmung) und sorgt für ein konstantes inneres Mi-

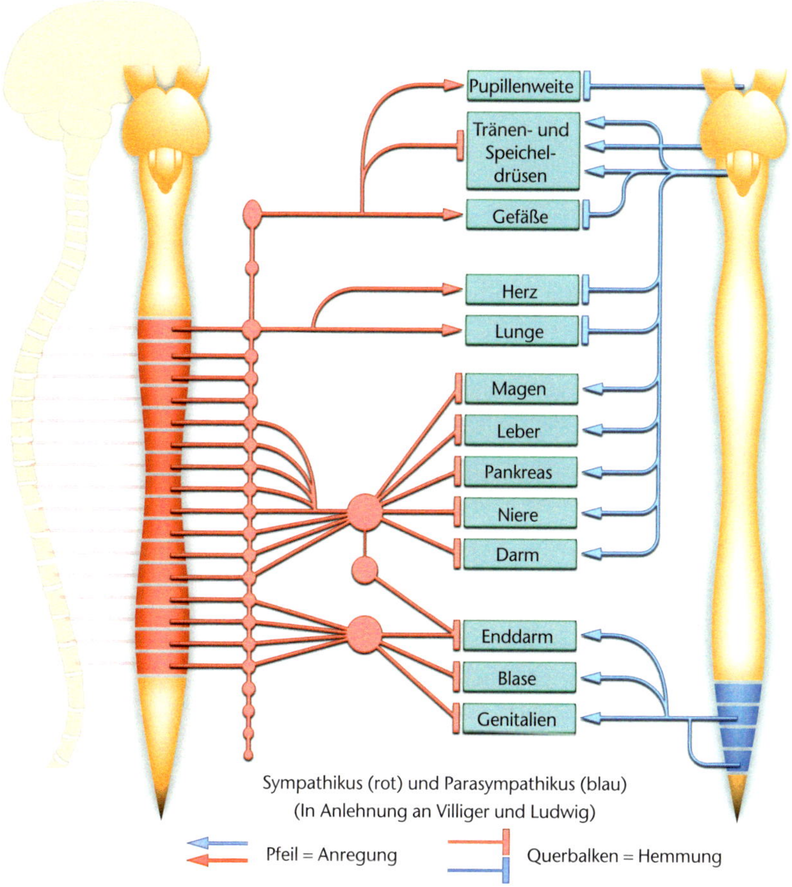

Abbildung 42: Schema des vegetativen Nervensystems (verändert nach dtv-Atlas Anatomie)

[28]von vegetare = beleben

lieu. Die Organfunktionen werden angeregt oder gehemmt. Zwischen Hemmung und Anregung stellt sich ein Gleichgewicht ein, das den augenblicklich herrschenden Verhältnissen am besten gerecht wird. Oberste Instanz ist der Hypothalamus, untergeordnete Zentren liegen im Mittelhirn, verlängerten Mark und in den Seitenhörnern des Rückenmarks. Vermittelnde Nervenbahnen sind Sympathikus und Parasympathikus. Sie versorgen Drüsen oder glatte Muskulatur und leiten Meldungen aus den Eingeweiden zu übergeordneten Zentren weiter. Da die Wirkungen sehr viel einfacher einer Abbildung entnommen als beschrieben werden können, wurde auf die Beschreibung verzichtet.

4.3.1 Sympathisches System (Sympathikus, adrenerges System)

Stichworte: »Verteidigung«; aus grauem Teil des Rückenmarks, bildet Grenzstrang; Anregung von Herzschlag, Atmung, Muskeldurchblutung; Hemmung von Verdauung, Ausscheidung und Sexualität.
Parallel zum Rückenmark läuft außerhalb der Wirbelsäule ein paariger Nervenstrang, der Grenzstrang. Auf ihm sitzen etwa 25 weizenkorngroße Nervenknoten, die sympathischen Ganglien. Sie sind durch Nervenbahnen mit den Vorderhörnern des grauen Teils im Rückenmark verbunden. Vom Grenzstrang ausgehende Nervenbahnen regen die inneren Organe zu erhöhter Tätigkeit an, die z. B. in Gefahrensituationen für das Überleben wichtig sind (z. B. Herzschlag, Blutdruck, Muskeldurchblutung), und hemmen alle in dieser Situation unwichtigen Organtätigkeiten (z. B. Verdauungs- und Geschlechtsorgane, Darm- und Blasenentleerung).
Neurotransmitter des vegetativen Nervensystems ist am 1. Neuron (vereinfacht: innerhalb des ZNS) Acetylcholin, zu den Erfolgsorganen sind es Noradrenalin (Alpharezeptoren; Anregung) und Adrenalin (Betarezeptoren; Hemmung, Ausnahme: Herz, hier Anregung). Weil Adrenalin und Noradrenalin die Transmitter sind, heißt das sympathische System auch adrenerges System.

4.3.2 Parasympathisches System (Parasympathikus; cholinerges System)

Stichworte: „Erholung"; Nervus vagus; Hemmung von Herzschlag, Atmung, Muskeldurchblutung; Anregung von Verdauung und Ausscheidung.
Zentren des parasympathischen Systems liegen im Mittel- und Nachhirn.

Im Nachhirn und im Beckenrückenmark (Kreuzbein) entspringt der Hauptnerv des parasympathischen Systems, der Nervus vagus. Er regt alle für die Erholung zuständigen Funktionen der inneren Organe an (z. B. Darmtätigkeit, Verdauungsdrüsen, Entleerung von Blase und Darm) und hemmt alle nicht der Erholung dienenden Funktionen (z. B. verlangsamt Herzschlag, Atemfrequenz, verengt Pupillen, Herzkranzgefäße und Bronchien: Asthma!). Neurotransmitter ist überall Acetylcholin (deshalb auch »cholinerges System« genannt).

4.4 Aufgabenbeispiele

Aufgabe 1

Ringelwürmer, Krebse und Insekten gehören zum Stamm der Gliedertiere und haben gemeinsame Vorfahren. Die Organisation ihres Nervensystems ist ein wichtiges Mittel zur Klärung der Abstammungsverhältnisse.

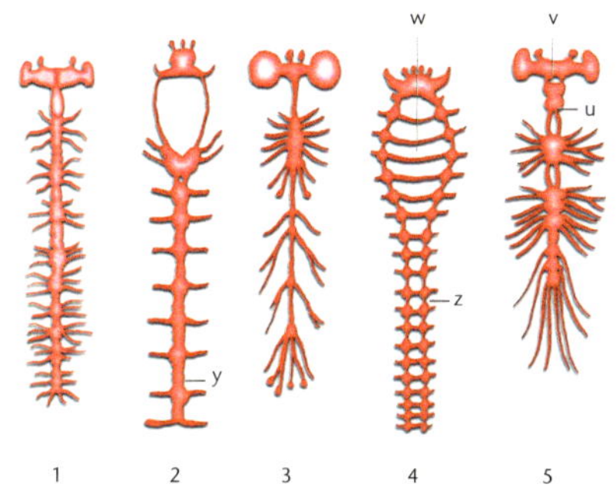

Abbildung 43: Nervensysteme von Gliedertieren

a Kennzeichnen Sie den Typus des Nervensystems der Gliedertiere.

b Abbildung 43 zeigt Nervensysteme einiger Gliedertiere. Ordnen Sie die Nervensysteme in dieser Abbildung nach zunehmender Organisationshöhe. Begründen Sie die von Ihnen gewählte Ordnung unter Bezugnahme auf die entsprechende Abbildung.

c Benennen Sie die mit u–z bezeichneten Teile des Nervensystems in Abbildung 43 (Antwort in der Reinschrift, nicht in der Zeichnung).

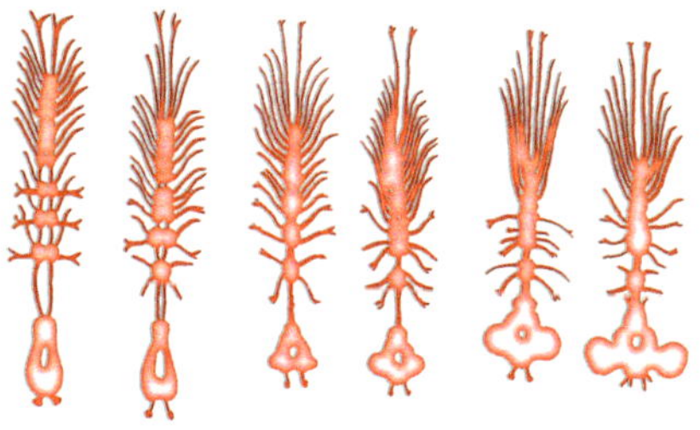
Abbildung 44: Ontogenetische Entwicklung des Nervensystems bei einem Käfer

d In Abbildung 44 ist die Entwicklung des Nervensystems bei aufeinander folgenden Larvenstadien eines Wasserkäfers dargestellt (letztes Stadium:

fertiger Käfer). Welche Tendenz in der Entwicklung diese Nervensystems zeigt sich dabei? Welche Übereinstimmung sehen Sie zwischen der Individualentwicklung des Nervensystems bei diesem Wasserkäfer und der Höherentwicklung des Nervensystems innerhalb der Gliedertiere? Fassen Sie diesen Sachverhalt in einer Regel zusammen.

Welche Form des Nervensystems erwarten Sie unter diesem Gesichtspunkt bei einer Schmetterlingsraupe im Vergleich zum Falter?

Aufgabe 2

Weshalb finden sich bei Insekten im Brustraum und unterhalb der Mundöffnung (Schlund) besonders ausgeprägte Ganglienknoten?

Aufgabe 3

Begründen Sie, weshalb das Großhirn durch Windungen und Furchen gegliedert ist!

Aufgabe 4

Erläutern Sie den biologischen Sinn des Schüttelfrostes!

Aufgabe 5

Tetanustoxin ist das Gift des Wundstarrkrampferregers (Clostridum tetani). Es wandert in peripheren Nervenfasern zu den Vorderhörnern des Rückenmarks und zum Stammhirn. Dort hemmt es inhibitorische Synapsen des motorischen Systems.
Welche Auswirkungen auf die Muskulatur hat das Tetanustoxin?

Aufgabe 6

Vergleichen Sie die Bedeutung des Rückenmarks bei Tieren und Menschen anhand der folgenden Beobachtungen an Rückenmarksverletzungen. Denken Sie bei Ihrer Aussage auch an die Evolution!

a Zeichnen Sie den Reflexbogen für den Kniesehnenreflex!

b Zur Forschung wurde Fischen und Fröschen das Rückenmark kurz hinter dem verlängerten Mark durchtrennt. Fische schwimmen danach normal, Frösche zeigen alle Reflexe.

c Beim Schlachten werden Hühner geköpft. Danach können sie noch kurz herumlaufen und Flugbewegungen machen. Erklären Sie diese Beobachtung!

d Nach einem Verkehrsunfall wurde ein Patient querschnittsgelähmt. Jegliche Bewegungsfähigkeit und die Reizempfindlichkeit im Bereich des Unterkörpers gingen für immer verloren. Die Reflexe (Kniesehnenreflex, Bauchdeckenreflex) kehrten wieder zurück.

Aufgabe 7

Bei einem Unfall wird die graue Substanz des Rückenmarks zwischen Vorder- und Hinterhörnern zerrissen. Welche Ausfallerscheinungen sind zu erwarten?

Aufgabe 8

Kreuzen Sie diejenigen Punkte an, die Aufgaben des Rückenmarks beschreiben!
Begründen Sie diese Auswahl!

1. Steuerung von bewussten Bewegungsabläufen.
2. Steuerung von Reflexen.
3. Wahrnehmung von Empfindungen der Tastkörperchen.
4. Informationen vom Körper zum Gehirn leiten.
5. gesamte Leitung und Verarbeitung von Informationen des Sympathikus.
6. Speicherung und Erinnerung von Tastempfindungen.
7. Informationen vom Gehirn zum Körper leiten.

Aufgabe 9

Einem Armamputierten juckt der kleine Finger bei jedem Wetterumschwung, obwohl der Finger längst nicht mehr existiert. Erklären Sie diese Erscheinung!

Aufgabe 10

Nennen Sie die zwei funktionell verschiedenen Systeme des vegetativen Nervensystems und vergleichen Sie deren Funktionen!

Aufgabe 11

Atropin ist das Gift zahlreicher Nachtschattengewächse (z. B. Tollkirsche – Atropa belladonna; Bilsenkraut – Hyoscyamus niger; Stechapfel – Datura stramonium). Es konkurriert mit Acetylcholin um die Rezeptoren der postsynaptischen Membranen besonders stark im parasympathischen System, besitzt aber eine viel höhere Bindungsfähigkeit (Affinität). Bei höherer Dosis wirkt es auch auf alle anderen Synapsen, deren Transmitter Acetylcholin ist. Atropin öffnet die ligandengesteuerten Natriumkanäle in der postsynaptischen Membran nicht.

a Schildern Sie kurz die Wirkungen des parasympathischen Systems.

b Welche Wirkungen sind bei einer Atropinvergiftung bei geringer und bei hoher Dosis zu erwarten?

Aufgabe 12

Muscarin (Gift des Fliegenpilzes – Amanita muscaria) wirkt wie Acetylcholin, aktiviert also die Acetylcholinrezeptoren in cholinergen Synapsen vorwiegend des parasympathischen Systems. Es kann aber von Acetylcholinesterase nicht abgebaut werden, sondern wird langsam ausgeschieden und verliert dann seine Wirkung.

a Vergleichen Sie die Wirkungen des sympathischen mit denen des parasympathischen Systems.

b Leiten Sie aus diesen Wirkungen die Vergiftungssymptome für eine Muscarinvergiftung ab.

Aufgabe 13

Das Alkaloid Nicotin aus dem Tabak (Nicotiana tabacum) wirkt wie Acetylcholin, wird aber von der Acetylcholinesterase nicht abgebaut. Unter seinem Einfluss setzt das Nebennierenmark Noradrenalin und Adrenalin in die Blutbahn frei. Die motorischen Endplatten werden je nach Dosierung und Dauer zunächst erregt, später aber gelähmt wegen der andauernden Depolarisierung. Die erregenden und die lähmenden Wirkungen des Nicotins liegen so dicht beieinander und sind individuell so verschieden, dass eine gezielte Anwendung in der Medizin unmöglich ist.

a Beschreiben Sie die Wirkungen der Katecholamine Adrenalin und Noradrenalin auf den Organismus.

b Entwickeln Sie eine Arbeitshypothese, weshalb Nicotin beim ersten Rauchen oder sehr seltenem Rauchen manchmal abführend auf den Darm wirkt.

4.5 Lösungsvorschläge

Aufgabe 1

Aufgabe erst ganz lesen, sofort Notizen zu den Einzelfragen machen.
Die Aufgabe befasst sich mit der Evolution des Nervensystems und dessen Ontogenese.

a Strickleiternervensystem: Je Segment ein Ganglienpaar, am Kopf Oberschlundganglion (»Gehirn«), Querverbindungen: Kommissuren, Längsverbindungen: Konnektive.

b Ordnung der Abbildungen nach zunehmender Organisationshöhe:
4 – 2– 1 – 5 – 3
Begründung: zunehmender Verlust der Segmentierung, stärkere Konzentration in Richtung Kopf (Zentralisation).

c

u – Unterschlundganglion	x – Konnektiv
v – Oberschlundganglion	y – Ganglion des Bauchmarks
w – Kommissur	z – Nervenfaser

d Im Laufe der Evolution wurde das Nervensystem zunehmend am Kopf zentralisiert. Die Ringelwürmer verfügen noch über ein Strickleiternervensystem, das – bei gleichzeitiger Auflösung der Segmentierung – zu einigen weiteren Ganglienknoten verschmilzt. Haeckel formulierte die biogenetische Grundregel: Die Entwicklung eines Individuums (Ontogenese) ist eine stark verkürzte und vereinfachte Wiederholung der stammesgeschichtlichen Entwicklung (Phylogenese).

Aufgabe 2

Die Versorgung von Beinen und Flügeln sowie der komplizierten Mundwerkzeuge erfordert eine leistungsfähige Steuerung. Anwendung der biogenetischen Grundregel auf die Schmetterlingsraupe lässt bei der stark segmentierten Raupe ein typisches Strickleiternervensystem erwarten, beim Falter eine deutliche Konzentration im Kopf- und Brustbereich.

Aufgabe 3

Im Laufe der Evolution kamen stets diejenigen Tiere häufiger zur Fortpflanzung, die z. B. aufgrund ihrer höheren Lernfähigkeit und Intelligenz leichter Futter fanden und ihren Feinden besser entkamen. Weil Lernfähigkeit und Intelligenz aber von der Menge der Nervenzellen im Großhirn abhängig sind, lag der Selektionsvorteil bei Tieren mit vergrößerter Anzahl an Nervenzellen im Großhirn. Funktionell und ernährungsbedingt mussten die »zusätzlichen« Nervenzellen aber auf der Großhirnrinde untergebracht werden. Deren Oberfläche wurde deshalb durch Furchen und Windungen vergrößert. Die weiche Hirnhaut folgt allen diesen Windungen, weil von ihr aus das Gehirn durch das Blut mit Sauerstoff und Nährstoffen versorgt wird.

Aufgabe 4

Hilfen: RGT-Regel (Reaktionsgeschwindigkeits-Temperatur-Regel) gilt weitaus stärker für unser Immunsystem als für Bakterien.
Antwort: Bei einer Erhöhung der Körpertemperatur um 2–3 Grad steigt die Aktivität der Zellen des Immunsystems wesentlich stärker als die Aktivität der Bakterien. Das Immunsystem wird »schneller«.

Aufgabe 5

Die hemmenden Wirkungen von Mittel- und Kleinhirn und vom Rückenmark werden blockiert. Alle aktivierenden Bewegungsimpulse verursachen eine Muskelkontraktion. Dadurch werden die antagonistischen Muskeln (Beuger und Strecker an einem Gelenk) gleichzeitig maximal kontrahiert. Es kommt zu Krämpfen. Weil das Bewusstsein nicht beeinträchtigt ist, sind diese Krämpfe äußerst schmerzhaft.

Aufgabe 6

a Voraussetzung: Kenntnis von Bau und Funktion des Rückenmarks, Reflexbogen.

b Die Schwimmbewegung bei Fischen wird offensichtlich vom Rückenmark aus gesteuert und nicht, wie bei höheren Wirbeltieren, durch das Kleinhirn.
Der Frosch steht als Amphibium bereits auf einer höheren Entwicklungsstufe als der Fisch. Er zeigt in diesem Experiment nur noch die Reflexe. Das bedeutet, dass bei ihm bereits – wie beim Menschen – die Bewegungssteuerung vom Gehirn aus erfolgt.

c Vögel sind Fluchttiere. Bei jeder Annäherung wird ein Fluchtreflex ausgelöst. Diese Bewegungen müssen sehr schnell erfolgen und werden daher vom Rückenmark ausgelöst. Da die Großhirnsteuerung wegfällt, kann es sich nur um eine völlig ungerichtete Bewegung handeln.

d Der Mensch steht auf der höchsten Entwicklungsstufe. Die wenigen Reflexe für Großbewegungen, die über das Rückenmark gesteuert werden, sind ohne Bedeutung. Kniesehnenreflex und Bauchdeckenreflex werden ausschließlich vom Rückenmark gesteuert und bleiben auch bei einer Querschnittslähmung erhalten. Alle Bewegungsbefehle werden vom Gehirn erteilt und über das Rückenmark zu den Muskeln geleitet. Jede Unterbrechung dieser Leitungen führt zu einer Lähmung.

Aufgabe 7

Hilfen: Vergegenwärtigen Sie sich die Aufgaben von Vorder- und Hinterhörnern und deren Zusammenspiel!
Vorderhorn: Schaltet motorische Befehle auf die motorischen Bahnen.
Hinterhorn: Sensorische Bahnen werden zum Gehirn und zu den motorischen Nervenzellen der Vorderhörner geschaltet, wo sie Reflexe auslösen.
Folgen: Reflexsteuerung unterbrochen. Die Reflexe (z. B. Kniesehnenreflex) können nicht mehr ablaufen.

Aber Vorsicht! Man vergisst bei Reflexen immer wieder die Steuerung des Muskeltonus (der Muskelspannung)! Bei der hier geschilderten Verletzung ist die reflektorische Steuerung des Tonus nicht mehr möglich. Die Bewegungen erscheinen unkontrolliert, weil sich die einmal eingestellte Muskelspannung nicht halten lässt. Bewegungen sind zwar möglich, doch besteht über deren Stärke keine Kontrolle.

Aufgabe 8

Richtig sind 2, 4, 7

Aufgabe 9

Alle Potenziale, die aus den durchtrennten Armnerven stammen, werden in den Großhirnfeldern ihrer Herkunft nach ausgewertet. Was von den Armnerven kommt, ist für das Großhirn Empfindung vom Arm auch dann, wenn der schon längst nicht mehr existiert.

Aufgabe 10

Sie sollten sich die beiden Stichworte »Erholung« für den Parasympathikus und »Verteidigung« für den Sympathikus unbedingt einprägen. Daraus lassen sich durch etwas Überlegung alle Organfunktionen ableiten. Dabei müssen Sie allerdings berücksichtigen, dass unser vegetatives Nervensystem an die Verhältnisse einer lange zurückliegenden Zeit angepasst ist und nicht an die moderne Zivilisation.

Aufgabe 11

a Führen Sie die einzelnen Wirkungen des Parasympathikus auf. Sie sind der Abbildung 42, Seite 99, zu entnehmen.

b Das parasympathische System wird beeinträchtigt, also überwiegt der Einfluss des Sympathikus. Stichwort: »Verteidigung«. Hier seien ein paar Überlegungen zu den einzelnen Organfunktionen dargestellt:
Verdauungsorgane: Ihre Funktion ist im Verteidigungsfall (weglaufen, sich wehren, jagen) unnötig und ihr Energieverbrauch hinderlich. Deshalb: Hemmung der Sekretion aller Verdauungssäfte (Speichel, Magensaft, Bauchspeichel, Galle usw.) und der Darmperistaltik.
Ausscheidung: Würde nur unnötig aufhalten. Deshalb wird die Harnblase entspannt.
Atmung: Zur Verteidigung wird viel Luft benötigt, deshalb Entspannung der Bronchien, Beschleunigung der Atmung.
Auge: Gutes Sehen ist jetzt wichtig, es kommt aber nicht auf die letzten Feinheiten in der Nähe an, sondern darauf, auch in dunklen Ecken etwas erkennen zu können. Darum werden die Pupillen erweitert (schon die Römerinnen tropften sich einen Tollkirschenextrakt in die Augen, um die Pupille zu erweitern und dadurch anziehender auszusehen).
Schweißdrüsen: Am Beginn einer Verteidigung darf keine Energie unnötig verschwendet werden. Deshalb wird die Schweißsekretion gedrosselt.
Herz: Verteidigung erfordert hohe Leistung: Steigerung der Pulsfrequenz.

Die Vergiftungssymptome ergeben sich aus der kompetitiven Hemmung des Acetylcholins. Je nach Menge des Atropins wird dieser Transmitter auch an den motorischen Endplatten und im zentralen Nervensystem gehemmt. Da Acetylcholin hier erregend wirkt, sind zu erwarten:
Verdauungsorgane: Mundtrockenheit, Schluckbeschwerden.
Ausscheidung: Harnblase so stark entspannt, dass kein Urin gelassen werden kann.
Atmung: Transmitter an der Atemmuskulatur ist Acetylcholin. Bei hoher Atropindosis ist eine Atemlähmung zu erwarten.
Augen: maximal erweiterte Pupillen.
Schweißdrüsen: stark beeinträchtigte Wärmeregulation, weil kein Schweiß gebildet wird, deshalb erhöhte Temperatur.
Herz: starke Steigerung der Pulsfrequenz.
Zentralnervensystem: Hier wirkt Atropin besonders motorisch erregend und verursacht Wahnvorstellungen (daher der Name Tollkirsche!).

Aufgabe 12

a

Vergleichen Sie auf Abbildung 42, Seite 99, alle Wirkungen des sympathischen und des parasympathischen Systems. Gehen Sie nun weiter davon aus, dass Muscarin die Wirkung des Parasympathikus verstärkt, also stark antagonistisch zum Sympathikus wirkt, und denken Sie an die beiden Stichworte »Erholung« (Parasympathikus) und »Verteidigung« (Sympathikus). Alle bei der vorigen Aufgabe angestellten Überlegungen gelten auch hier, jedoch unter dem Stichwort »Erholung«.

b

Aus dem Vergleich zwischen den Antagonisten Sympathikus und Parasympathikus ergeben sich die Symptome der Vergiftung: Pupillenverengung, langsamer Puls, verstärkte Tätigkeit der Darmperistaltik verursacht Erbrechen, Durchfälle, Magen-Darm-Koliken; Anregung der Drüsentätigkeit bedingt Speichelfluss, Schweißausbruch. Zusätzlicher Hinweis: Gegengift (Antidot) ist Atropin.

Aufgabe 13

a

Adrenalin und Noradrenalin sind Transmitter des Sympathikus am Übergang zu den Erfolgsorganen. Außerdem sind sie Hormone und wirken auf die adrenergen Synapsen, also auf die Angriffsstellen des Sympathikus ein. Zu erwarten sind die folgenden Wirkungen:
Herz: Herzfrequenz und Kontraktionskraft erhöht.
periphere Blutgefäße: Verengung, schlechtere Durchblutung, Durchblutungsstörungen in Armen und Beinen (erste Anzeichen: kalte bis abgestorbene Finger bei Kälte, später: Raucherbein und eventuell Amputation).
Darmmuskulatur: Erschlaffung.
Bronchialmuskulatur: Erschlaffung, Lähmung der Flimmerepithele.

b

Hier machen sich die individuellen Unterschiede bemerkbar: Für einen Organismus, der an Nicotin nicht gewöhnt ist, bedeutet die erstmalige Zufuhr bereits eine sehr hohe Dosierung. Diese aber lähmt den Sympathikus. Damit wird der Einfluss des Parasympathikus größer, die Darmperistaltik wird angeregt: abführende Wirkung. In noch höherer Dosis (Dauerraucher) wird auch der Parasympathikus gelähmt!
Tatsächlich liegen bei der Nicotineinwirkung Lähmung und Anregung sehr dicht nebeneinander und sind nicht steuerbar. Deshalb wird Nicotin auch nicht zur Behandlung von Krankheiten eingesetzt.